たちまちわかる●すぐに役立つ

リーダーシップの基本とコツ

高城幸司

［㈱セレブレイン 代表取締役］

Gakken

はじめに

あなたはリーダーの仕事を任されたことがありますか?

リーダーは、野球の「キャプテン」に例えられるでしょう。その任務には様々なものがありますが、例えば監督の指示をメンバーに広めること、そして、メンバーを育成すること、さらに、チームを引っ張って成果を上げることなども期待されます。責任は重いですが、実にやりがいのある役割です。

けれどもその反面、「確かにやりがいはあるけれど、一体どうやってチームを引っ張ったらいいのかわからない」と、リーダーシップの発揮方法に悩むビジネスパーソンの話をよく耳にします。意外に職場には、そうした「コツ」を教えてくれる人がいないのです。そんな悩みを持つ人が、思いのほか多いことを知り、

「リーダーシップそのものを、初歩からきちんと学べるビジネス書が必要だ」

と考え、本書を書きました。

私は起業前のサラリーマン時代に、幸運にも、数多くの優れた先輩リーダーに出会うことができました。そしてそこで

◆リーダーに期待される役割

◆リーダーに必要な資質

を見て、聞いて、学ぶ機会に恵まれました。その経験をもとに、本書で「リーダーは何をすべきか」という課題を整理・体系化することができたわけです。

まずは「管理職とリーダーの違い」から始まり、達成力・士気力……と、チームで成果を出すために必要な力を大きく8つに分類し、実践のためのコツを紹介していきます。このエッセンスは、リーダーとしての経験を持つ方はもちろん、その経験がない方の「来たるべき準備」にも役立つものと確信しています。

本書の目指すリーダー像は、「時代が求めるリーダーの理想像」です。もしかしたら、「自分の職場のリーダー像は、この本と違っている」と違和感をもつ方がいらっしゃるかもしれませんが、安心してください。あなた自身は、本書のコツを身につけて1歩先に進んでおけばいいのです。まもなく職場の価値観が、こちらに追いついてくることでしょう。

本書の基本とコツを職場で実践し、ぜひとも「理想のリーダー」への1歩を踏み出してください。

2009年2月

高城幸司

リーダーシップの基本とコツ・目次

第2章 リーダーに必要な8つの力

コツ編

第3章 達成力&士気力 メンバーに仕事の醍醐味を伝えよう！

第4章 育成力&発想力 チームに新しいパワーを吹き込もう！

第5章 打開力&発信力 新しいビジネスの地平を切り開こう！

第6章 牽引力&包容力　大切なメンバーを守り、育てよう！

第1章

リーダーシップとは何か?

基本編

1

理想のリーダーを3人挙げてみよう

✓具体的な人名を挙げることで、頭の中にある「自分の目指すべきリーダー像」を明確にできる

◎自分の中にある理想のリーダー像とは？

まず、リーダーの役割を学ぶ前に1つ質問をさせていただきます。

「あなたにとって理想のリーダーを3人挙げてください」

おっと……この質問には「まだ」続きがあります。

「そして、3人をリーダーに選んだ理由を簡潔に答えてください」

さて、どのように答えますか？

「元ホークスの王監督かな、次が坂本龍馬、それから……」

さて、理想のリーダーが3人挙げられましたか？　そして理想のリーダーに選んだ理由が思い浮かびましたでしょうか？　実は、あなたが挙げたリーダーの「名前」はそれほど重要ではありません。それよりも、「選んだ理由」に、これから学んでいただくヒントが隠れているのです。

理想のリーダーから、「自分のリーダー像」を知る

理想のリーダーを3人挙げてみましょう

ステップ1

理想のリーダーの名前を3人挙げる

身の回りの人、政治家、実業家、歴史上の人物、小説の登場人物など、具体的な名前を

ステップ2

選んだ理由を挙げる

◎理由が浮かばないときは、「その人はどんな人か？」という人物像をイメージする

◎実績が理由なら、「なぜその実績をすごいと思うのか」を考える

（例）

坂本龍馬は薩長同盟を実現させた → ●誰も発想しなかったことを考えた ●自分1人ではなく、他の人間も巻き込んで大きな成果を上げた

◎選んだ理由を具体的にすることに意味がある

リーダーシップを学ぶ前提として、まず「理想のリーダー像」を明確にしてください。

ところが現実には、目指す理想の曖昧な人が多いのです。どんな著名なスポーツ選手や政治家を挙げても構わないのですが、その挙げた人の「どこに」優れたリーダーの資質を感じたかを具体的な言葉にできないと意味はありません。

理想のリーダー＝目指す姿ですから、できるだけ具体的な言葉に落とし込んでみましょう。それができれば一歩前進です。

「それなら勇気・決断力・人心把握・統率力・カリスマ性・包容力……」

あなたの理想のリーダー像が少しだけ具体的になってきましたね。

では、ここで本書が考える理想のリーダーの像をご紹介しましょう。

○仕事の成果で牽引できる（達成力・発想力・牽引力）
○模範となる仕事ぶりを見せる（士気力・打開力・発信力）
○メンバーの育成に貢献できる（育成力・包容力）

あなたが言葉にした理想のリーダーと比較してみてください。

大切なことは、リーダーに求められる資質を「曖昧」にではなく「具体的」に理解することです。すべてはそこから始まります。

本書の考える理想のリーダー像

仕事の成果で牽引できる

達成力	●目に見える形での成果を出す ●チームで設定した目標を達成する
発想力	●既成概念にとらわれない斬新な発想をする ●高い視点から、全体を見ることができる
牽引力	●黙っているとバラバラになるメンバーをまとめ、目的に向かって強く引っ張っていく

模範となる仕事ぶりを見せる

士気力	●メンバーのモチベーションを上げる ●チームの一体感を強め、活性化させる
打開力	●目の前の障害に振り回されることなく、根本的な原因を取り除き、問題を解決する
発信力	●ビジョンやそこに至る道のりをメンバーに理解させ、１人１人の方向性を示す

メンバーの育成に貢献できる

育成力	●自分の知識·経験をメンバーに教える ●メンバーを育て、短所を修正する
包容力	●メンバーに一定の裁量を持たせる ●メンバーの失敗について責任を負う

2 リーダーになると「チームの成果」を期待される

自分の仕事だけでなく、チーム全体の成果を考えられる存在でいてこそ、メンバーはリーダーについてくる

◎自分1人の力でチームの目標を達成しても意味はない

リーダーは自分1人の活躍で成果を出すことを期待されていません。あくまでチームの力を結集した成果を求められます。自らの活躍で組織を引っ張ることは大切ですが、独りよがりにならないでください。

「自分がいなければ何も始まらない」

と、**肩の力の入りすぎた行動は、かえって周囲のやる気を下げることになります。**

例えば、リーダーが「自分が売り上げの大半を背負う」気持ちで仕事に邁進し、自らの営業力で売りまくったとします。チームの目標が達成されたとき、メンバーの気持ちはどのようなものでしょうか？　達成を心から喜べない心境になることでしょう。

「リーダー1人でやれるなら自分たちは不要ですね」

「何か、頼りにされていない感じでしらけます」

一般社員とリーダーと「成果」の違い

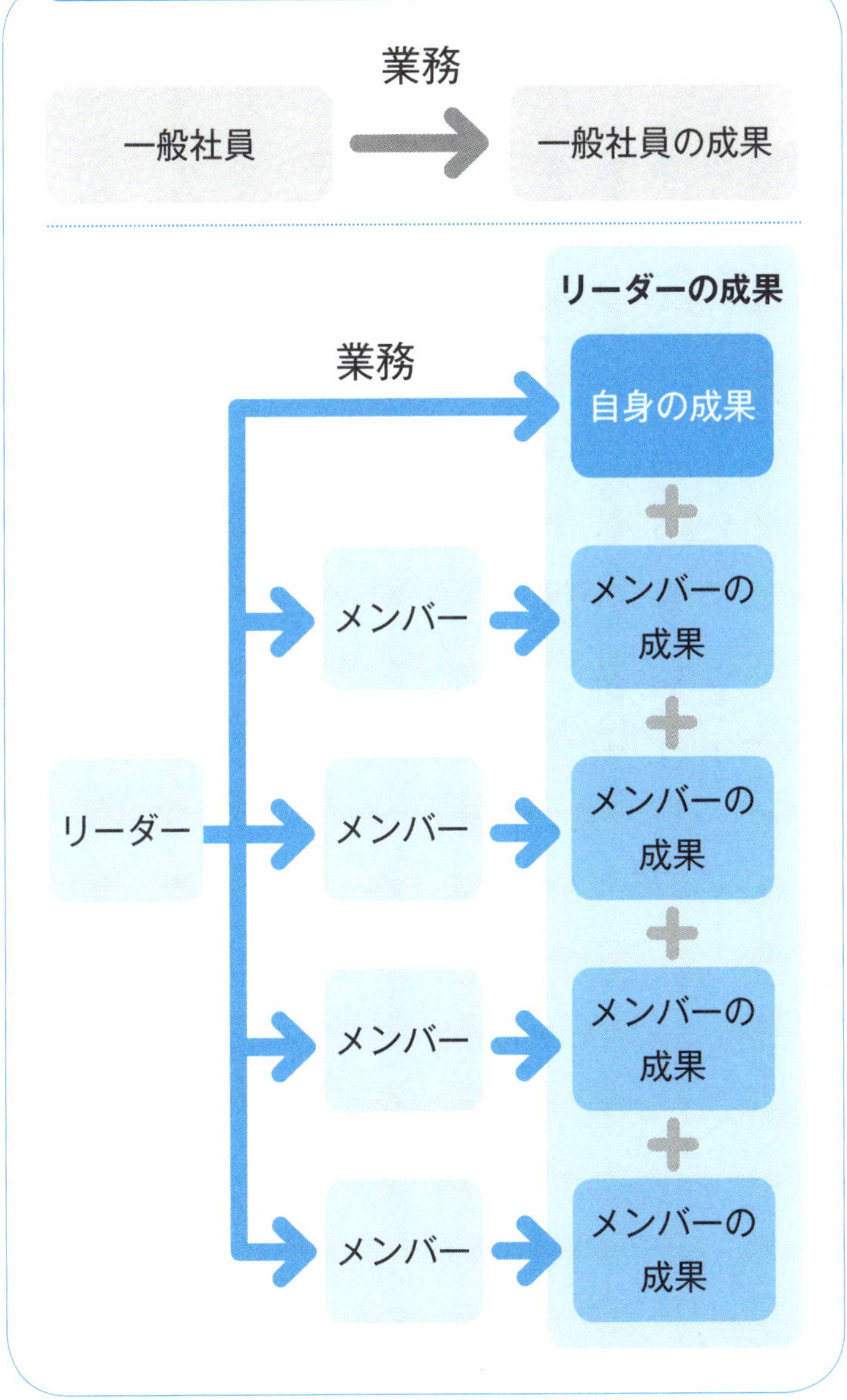

これは、リーダーの頑張りが空回りしている「まずい」状態です。確かにそのときは目標を達成できたとしても、長い目で見るといい結果を出すことはできません。

◎大切なのは、みんなでやり切るムードづくり

あなたの活躍がウエートの大半を占める仕事だとしても、

「この仕事はみんなの力でやり切ろう」

「君たちの活躍がないと成功できない」

とチームを盛り上げましょう。気分屋のD君や、ちょっと冷めているF君たちの当事者意識を高め、「ともに頑張る」雰囲気づくりをしたいものです。

こうして**「ともに頑張る」ためにリーダーがすべき行動は**

○当事者意識を高める（目指す目標を共有する）

○目標をコミットさせる（役割分担を明確にする）

○成果を次につなげる（褒める・叱る・指導する）

この3つの行動を、手順を踏んで「徹底」することです。

これを繰り返し継続できれば、メンバーとリーダーの信頼関係が構築され、高い成果＝パフォーマンスが上がることは間違いありません。

チームに前向きの雰囲気をつくる要素

1 当事者意識を高める

➔目標を共有する

- チームの目標を明確にし、個々のメンバーにとっても魅力的であることを示す
- できるだけ情報を共有化する

2 目標をコミットさせる

➔役割分担を明確にする

- メンバーの役割やポジションを明らかにし、しっかり理解させる
- リーダーの役割を示し、行動の見本となる

3 成果を次につなげる

➔今回の成果を適切に評価・指導する

- 褒めるときは他のメンバーの前で、叱るときは人格ではなく行動や意識について言及する
- メンバーの指導は具体的な言葉で

3

「管理職」と「リーダー」は役割が大きく違う

多くのビジネスパーソンが誤解している
管理職（マネージャー）とリーダーの違いとはなんだろう？

◎管理職は職場を管理するのがメインの仕事

管理職とリーダーの役割は何が違うのでしょうか？

「リーダーも管理職も役割は同じじゃないの？」

と誤解されがちですが、実はこの２つは似て非なる役割です。

まず、**管理職に求められる必須の役割は、**

○部下の時間管理をする

○部下の業績を査定する

○職場の監督責任を担う

など「職場管理」をすることです。

例えば、「タイムマネジメント」や「目標設定」、そして「業績評価」など、社員の行動に責任を負う役割です。そのために、管理職は様々な角度から部下の行動をチェックしま

管理職とリーダーは役割が大きく違う

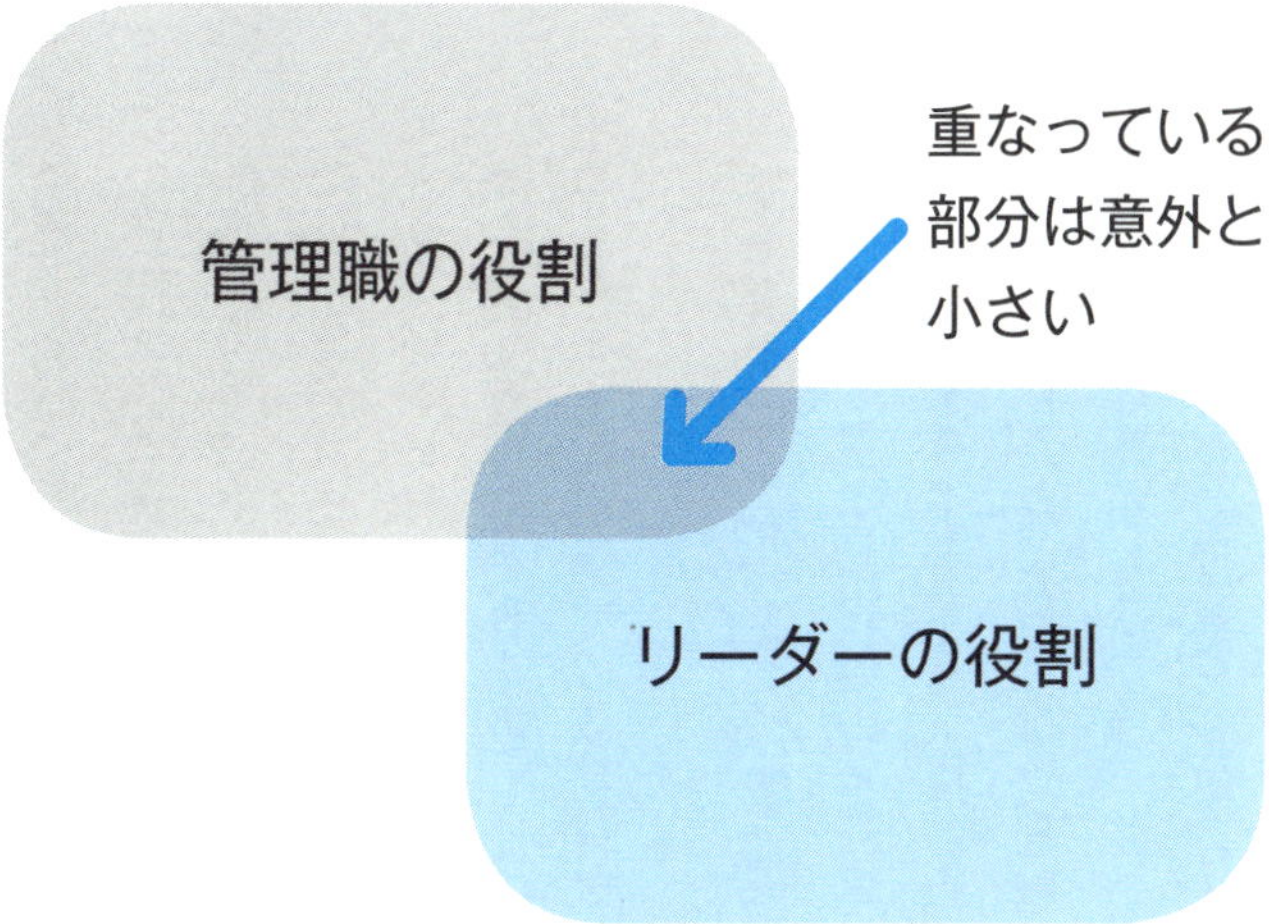

リーダーはメンバーと一緒になって動く人

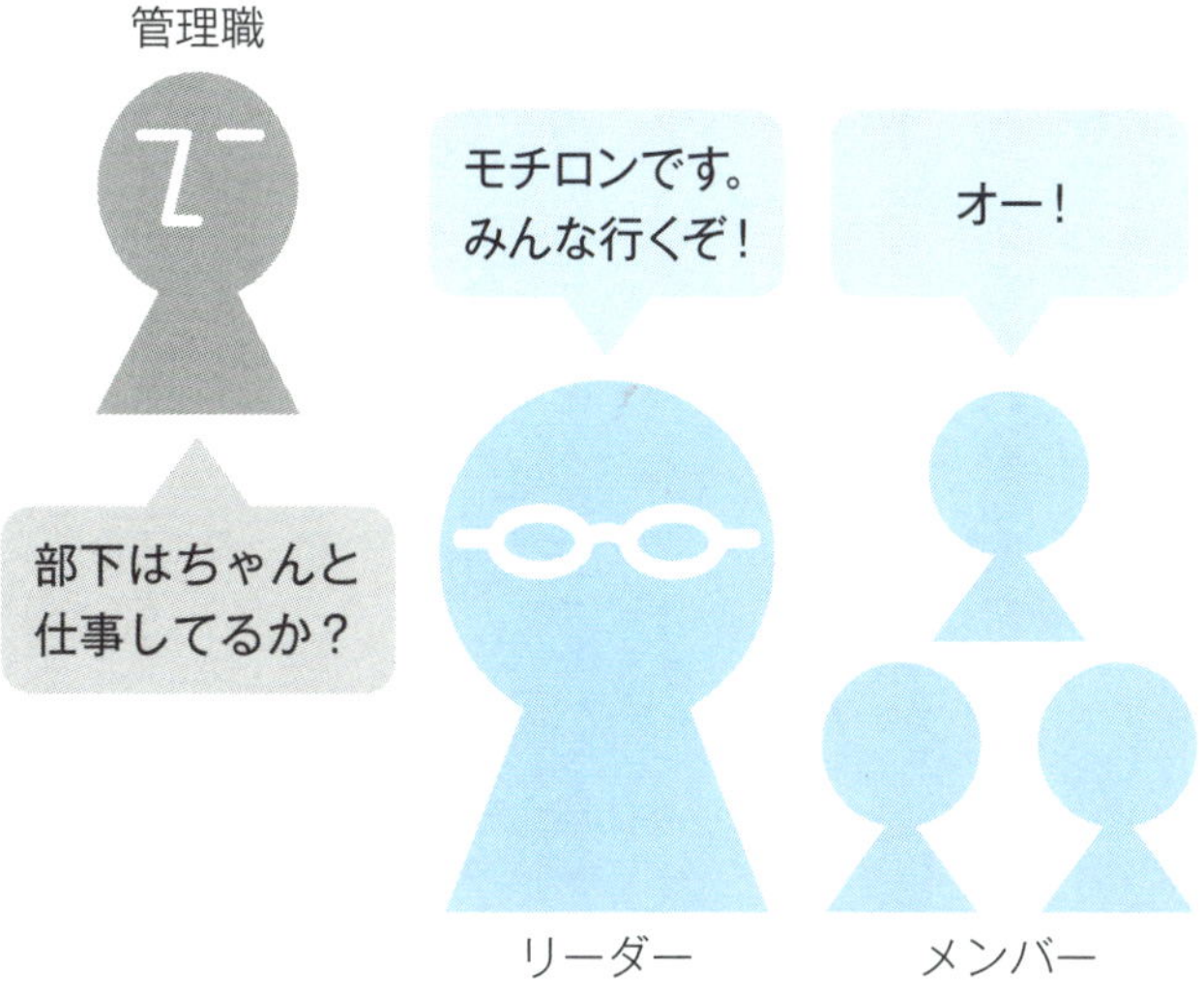

す。「無駄な残業が多いな」「この活躍は評価すべきだな」「職務規定を逸脱した行動が目につくぞ」など、部下の良くない行動を見逃した場合、管理職は責任を負うことになります。この責任を軽く考えると大変です。管理職は部下が不祥事を起こしたとき、「部下が勝手にやったことだから知らない」では済まされません。管理職は「自分でやるプレーヤー」ではなく、「部下を監督する」ことがメインの仕事と考えてください。

私も長年管理職の仕事をしてきましたが、「自分でやる」より「部下に任せる」ことが求められます。現場での成功体験は忘れ、一からの出発と心を入れ替えるべき職務です。

◎リーダーはキャプテン、管理職は監督

一方でリーダーは現場の牽引車です。野球の「キャプテン」のような役割でしょう。常に自ら仕事をリードする気持ちを持ってください。部下に任せるより、率先した行動が求められます。ただ、最近は管理職がリーダーの役割も求められる傾向があります。

「自ら業績を牽引しながら、メンバーの管理監督をする」という、2つの役割を兼任させられているのです。野球に例えれば、「監督」兼「キャプテン」だと思えばいいでしょう。

管理職とリーダーの役割を比較

管理職の役割

●部下の時間管理
遅刻や無駄な残業をなくさせる

●職場の監督責任
職務規程を逸脱した行為に対して注意し、部下の不祥事の責任をとる

●部下の業績を査定
成果などに応じて、公平に部下の評価する

など

下から支えるのが仕事

スポーツで言うと
監督

リーダーの役割

●メンバーを導く
新しいビジョンを示し、難しい仕事に率先して取り組む

●新しい発想を示す
これまでになかった斬新な意見を出す

●メンバーを助ける
メンバーの失敗をフォローし、クレームに率先して対応

など

先に立って導くのが仕事

スポーツで言うと
キャプテン

4 リーダーは自ら率先してチームを引っ張る

調子のよいかけ声だけでメンバーがついてくると思っている「偽リーダー」にならないために知っておくべきことがある

◎口出ししかしない「評論家」はリーダー失格

リーダーは自らの活躍で組織を牽引することを期待されています。いくら立派な言葉を並べても実行力や成果がなければメンバーは信頼してくれないでしょう。

あなたに期待されるのは、率先した行動です。

「自ら企画を立ててチームを仕切る」

「新しい仕事を引っ張ってくる」

など、**「さすが」と思わせる行動こそが「信頼できるリーダー」への近道です。**

ただ最近は、リーダーとは「発言で引っ張るもの」と勘違いしている人がいます。これは困りものです。私は発言だけ立派で実行が伴わない人のことを「評論家」と揶揄したりしますが、この評論家的なリーダーが意外と多いのです。

「最近の業界のトレンドだけど知っている？」

こんな言動ではリーダー失格

●人の意見や企画の批判

「この前の企画だけど、なんか似たような商品が他社から出たらしいんだよね。まずいよ」

●聞きかじった情報をひけらかす

「最近はネットブックっていう低価格な小型パソコンがトレンドだけど知ってる？」

●過去の自慢話

「俺も昔、同じような商品をメキシコから安く仕入れたことあるよ」

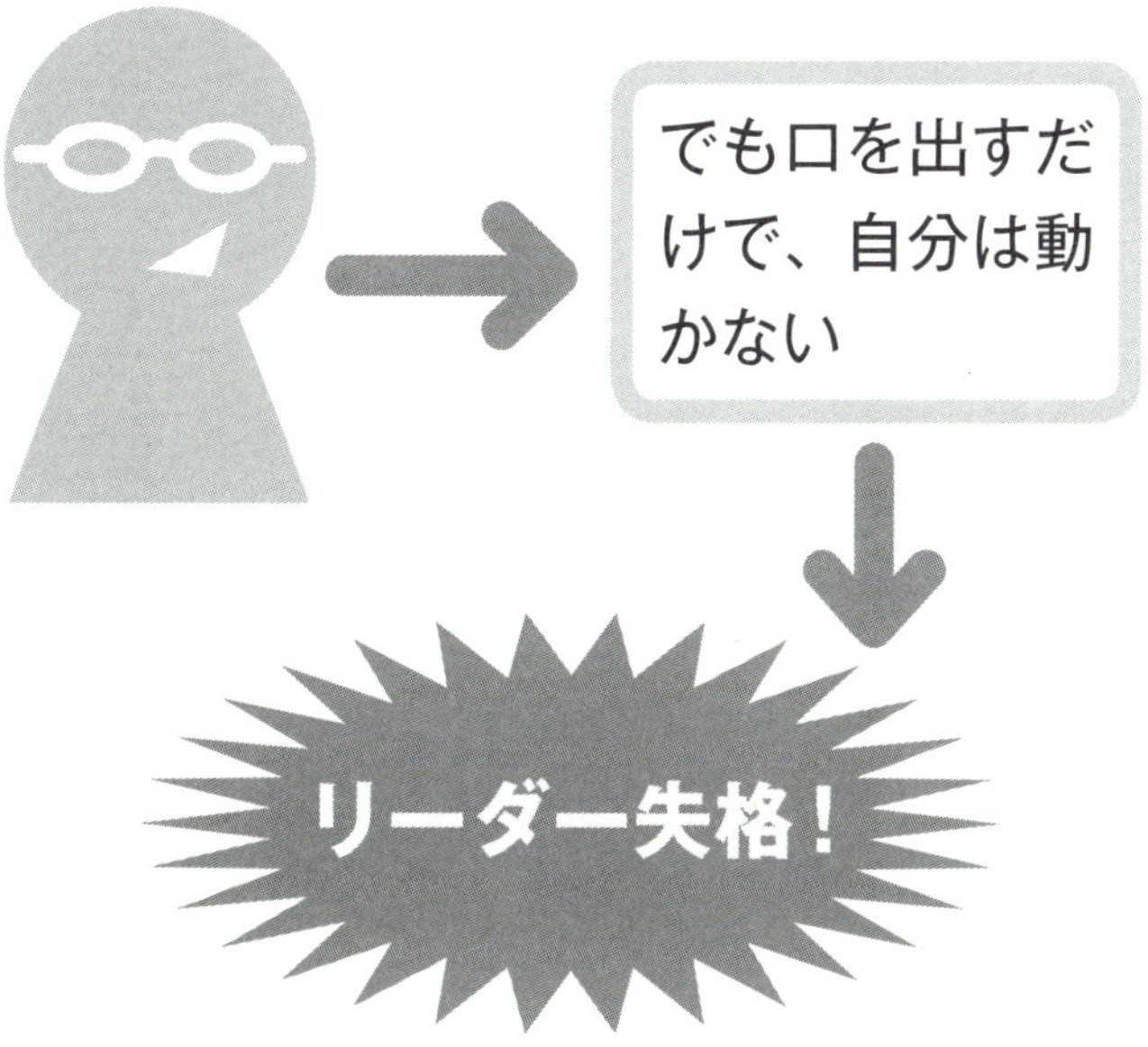
でも口を出すだけで、自分は動かない
リーダー失格！

「新聞記事によると新しい商品が注目されているみたいで」などと、どこかで入手した情報を立派に語ることはできますが、いざ現場で大事な場面になると「無理」「任せた」となる困った人のことです。あなたがリーダーを目指すなら、評論家には「絶対に」ならないようにしましょう。

◎リーダーは背中で語る心意気も大切

リーダーは成果につながる行動を「背中」で語ることが大切です。「自分もやらないとマズイ」とメンバーに思わせてください。そのために

○前例がない仕事
○難度の高い仕事
○大がかりな仕事

など「手間がかかる仕事」を率先してこなしましょう。

「前例がある仕事」「難度の低い仕事」はメンバーに任せ、リーダーは「手間がかかる仕事」に立ち向かうのが理想的なスタンスです。要は、リーダーは道を切り開くパイオニア的な役割を担っているのです。

リーダーは手間のかかる仕事を率先してこなす

大がかりな仕事
失敗したら損失が大きい仕事、他部署や他社など大人数がからむ仕事、など

難度の高い仕事
傾いた事業の立て直し、人員整理など、困難で人がやりたがらない仕事

前例のない仕事
新規事業、これまでにない斬新な新商品の開発、など

× 見えないところでコツコツとやる

○ **仕事に取り組む姿を見せる**

基本的なことをきっちり行い、メンバーの手本となる

- 遅刻をしない
- 段取りを組んで仕事をする
- はっきりと返事(復唱、相槌)をする
- 報・連・相(報告・連絡・相談)
- 納期を守る
- ビジネスマナー、ルールに従う
- 日々、情報収集を怠らない　など

5 リーダーとは組織の期待に応えていく存在

優れたリーダーが1人いるだけで、組織は変わる。平凡なチームも生まれ変わったように輝き始めるのだ

◎リーダーは存在感を感じさせることが大切

カリスマ（charisma）とは、普通の人が持ち合わせない、人を魅了する能力を持つ人のことですが、リーダーは、このカリスマのような存在感を期待されがちです。つまり組織の中で開かれた影響力を求められるのです。どうしても、《マイペースで我関せずなタイプの人》だと、リーダーとしての役割を全うしづらいものです。リーダーは周囲への気配りある発言を期待されるので、自分1人のことばかり考えているわけにはいかないからです。ただし、「饒舌」でなくてもかまいません。ここ一番で発言に影響力があればいいのです。ですから、あなたも

「あの人の発言は周囲の指針になる」
「とても信頼感が高いと感じる」

「カリスマ社員」とはどんな人？

1 周囲から頭ひとつ抜け出ている

部署や社内の他の人と比べて、常に高い成果を出し続ける

2 成果を上げる方法を説明できる

自分の仕事を客観的に見て、分析し、「どうしたら成果が上がるのか」をわかりやすく教えることができる

3 周囲に期待を持たせる

「彼ならば、大きな仕事をやり遂げるはず」と周囲が常に期待する

4 成果の「見える化」が上手

スタンドプレーに走るのではなく、上司やメンバーに対して、成し遂げたことをしっかりと伝える

5 「おいしい仕事」が自然と集まってくる

社内や取引先から信頼されることで、大きな結果の出せる仕事が自然と回ってくるようになる

といった存在になりましょう。ただ、影響力は簡単に高まるものではありません。周囲があなたの発言を支持して信頼するようになるには、時間と工夫が必要です。

◎常に周囲を意識した発言を心がける

知人の経営者がよく口にする言葉に「利他主義」があります。要は人のために行動することを第一に考えるということですが、**リーダーとはまさに、自分のためではなく、組織のために行動する役割です。**この場合は、周囲の状況を常に把握して

○迷ったときに道を示す
○争いごとを公平に収める
○叱咤激励して鼓舞する

などが期待されます。普段は無口でも寡黙でもいいのです。いざとなったら「いいこと」を言う存在になってください。

ここ一番の時に「いいこと」を言える存在になるには、日頃からの精進が必要です。そのために読書などの自己研鑽を積むのもいいかもしれません。ただ、**一番大切なのは「周囲が自分に何を期待しているか?」を意識すること**です。リーダーは自らが置かれた状況を常に把握し、周囲の期待に応えることを「やって当たり前の存在」なのです。

リーダーは組織のために行動し、発言する

1. 周囲の状況をしっかりと把握する

↓

2. 自分が何を求められているか理解する

↓

3. 必要なときに必要なことを言葉にする

例えば……

- 迷ったとき、壁にぶつかったときに道を示す
- 争いごとを拡大させず、公平に収める
- 叱咤激励してモチベーションを上げる
- 会社への忠誠心を高める
- メンバーのフォローをする

Q 困った! 地味な性格なので、リーダーを務める自信がありません…

学生時代から「長」がつくようなことを経験したことがなく、性格も地味です。リーダーとしてメンバーをまとめて引っ張っていったり、みんなのモチベーションを高めたりする自信がありません。

A 最初に言っておきたいのは、あなたが「リーダー」の理想像を誤解しているということです。俗に言う"派手な人"よりも、あなたのような"地味な人"の方が、本当はリーダーに向いています。

リーダーにとって何より大事なことは、「メッセージが具体的」で「言動にブレがない」こと。それを心がければ人はついてきます。「自分は強いメッセージを持っていないし、人を引っ張っていくのも苦手」という人でも、言動が一致していれば大丈夫です。

それに対し、言うことは大きく、勢いはあるけれど、その場のノリで話す"派手なタイプの人"はリーダーには向いていません。

よく「リーダーは大きなことを言ってメンバーに夢を見せないとダメ」と言う人がいますが、それは世の中がずっと右肩上がりだった、一世代前の話。今どき、そんな空虚な論理には誰もついてこないでしょう。「夢なんかどうでもいい、明日から僕はどうしたらいいの?」という問いに対し、具体的に答えることが大切です。

あえて注意点を挙げるとするならば、あなた自身は自分から積極的に発信しなくても大丈夫ですが、メンバーから聞かれたことにはちゃんと答えるようにしましょう。またそのために、質問が来やすいよう、周りの人が声をかけやすい雰囲気をつくってください。いつも厳しい顔で仕事をしているようではいけません。そこさえ気をつけていれば大丈夫です。あなたは十分にリーダーの素養がありますよ。

→ **いわゆる"地味な人"のほうが、リーダーには向いている**

第2章

リーダーに必要な8つの力

基本編

6 「リーダーになってほしい」と言われたら

ここで、リーダーに必要な力を具体的に示そう。
「自分の仕事」と「組織のための仕事」の両方をきっちりとこなしたい

◎これまでの業務＋メンバーの育成が仕事に

「明日から職場のリーダーになってほしい」と上司に言われたらどうしますか。あなたの仕事や役割は何が変わるのでしょうか？

変わるのは1つです。自分の仕事はきちんとこなして当たり前、その上で「組織のための活躍」が追加されると思ってください。職場やプロジェクトの業績向上に関わる責任が重くなるのですね。**何事も「チーム」で成果を上げることが期待されるようになるため、同僚やメンバーとも本気で関わっていくことが求められます。**

単なる「隣の席の先輩」なら仕事のアドバイスも適当にやっておけばいいのですが、リーダーになればメンバーの育成は「やるべき」仕事となります。おそらく、あなたを見る目も大きく変わることでしょう。

ここで間違ってはいけないのは自分の仕事の扱いです。これまで自分の仕事に100％

リーダーになると、組織のための役割が追加される

自分の仕事		組織のための仕事
自分1人で成果を出す		周囲に貢献する
(例)		(例)
自分の営業成績を上げる	↔	チーム全体の営業成績を上げる
自分の仕事の欠点を見つけ、改善する	↔	チームの欠点を見つけ、改善する
自分のモチベーションを上げる	↔	メンバーのモチベーションを上げる
会議で自分の意見を積極的に述べる	↔	会議で周りの意見を引き出し、整理する
勉強し、自分のスキルを上げる	↔	メンバーを指導し、自分のスキルを教える
新しい情報を収集・整理する	↔	新しい情報を共有化する
他のメンバーとケンカしないように気をつける	↔	メンバー同士がケンカしないように気を配る
新しいアイデアを思いつく	↔	新しいアイデアをメンバーに提示する

かかりきりだったとしたら、そこに投じるパワーを少し下げても今までどおりの成果を出すことが「変わらず」期待されているのです。

◎リーダーはパワーの30%以上を組織のために使いたい

要は、**これまでの70%くらいのパワーで、いつもどおり自分の分担をこなしつつ、さらに組織に対しても貢献していかないといけない**のです。

組織に貢献するために、周囲からはどのようなことを期待されるのでしょうか?

○メンバーを導く
○新しい発想を示す
○メンバーを助ける

この3つに加えて「メンバーとともに成果を出す」ことを期待されます。

では、この3+1＝4つをしっかりとこなして活躍するリーダーになるために、何ができたらいいのでしょうか?　メンバーとして自分がやった成果だけを考えればいい状況では使わない、8つのスキルを鍛えることを求められます。

ここから先は、リーダーとして活躍するために必要な力を、左図のように8つに分けて紹介していきます。

自分の仕事に費やすエネルギーは7割にとどめる

自分の能力のキャパシティ

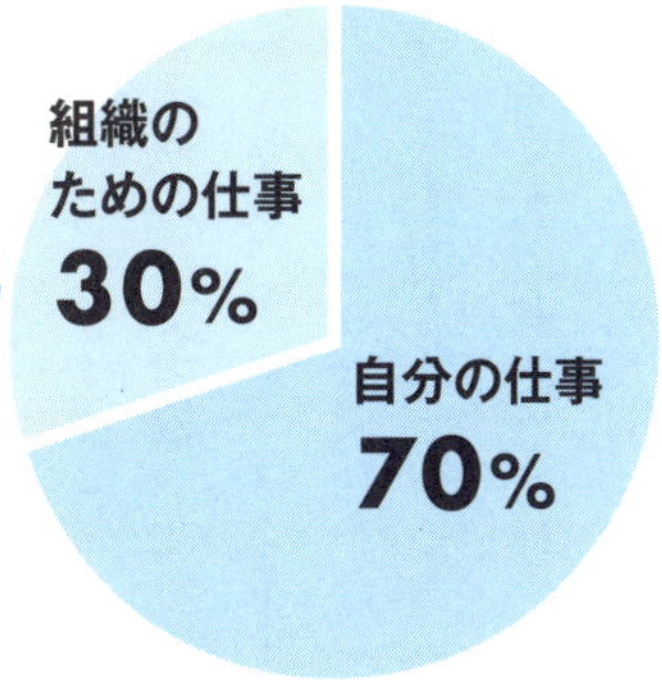

組織のための仕事（周囲に貢献する仕事）とは？

- メンバーを導く
- 新しい発想を示す
- メンバーを助ける
- メンバーとともに成果を出す

8つの力が必要

1 達成力 →P36	5 打開力 →P44
2 士気力 →P38	6 発信力 →P46
3 育成力 →P40	7 牽引力 →P48
4 発想力 →P42	8 包容力 →P50

1つめの力

「成果で示す」達成力

「自分の仕事の成果」と「チームとしての仕事の成果」。どちらの成果もきっちり出そう

◎チーム一丸となって進む道筋をつくる

仕事である以上結果を出すことが求められるのは当然ですが、リーダーは自分1人が活躍して結果を出しても意味がありません。チームのメンバーと力を合わせて「やり切る」「目標達成する」ことができて、初めて成功といえるのです。

「みんなで頑張ったから目標達成できた」

「全員でプロジェクトを完成させた」

など、皆で成功を分かち合える方向に牽引していきましょう。

成果を出すためにリーダーに求められるのは、「仮説」「実行」「検証」ができる計画的な成果への道筋づくりです。その道筋がしっかりできていれば、メンバーは自然と一緒になって進み出します。お互いがバラバラに行動して「たまたま」結果が出ても、達成感は生まれません。最終的に、メンバーとともに達成感を得られる成果を出すことが大切です。

チームで成果を出すために必要なこと

チーム一丸となるためのポイント

1. チームの方向性を明確にして、メンバーで共有する
2. 仕事に関して隠しごとをなくし、情報を公開する
3. ある程度仕事を任せ、責任感を持たせる
4. メンバーを公平に評価し、感謝する
5. メンバー同士が本音で話し合える場を設ける

仮説・実行・検証サイクル

3つのステップを繰り返し、問題点を改善していく

仮　説
手元にある情報と最終的な目標をベースに

↓

実　行
「仮説」で立てた計画を実施し、遂行度を測定

↓

検　証
結果と目標の差を検証。
再び「仮説」のステップに

2つめの力

「その気にさせる」士気力

モチベーションの低いメンバーをフォローし、雰囲気を盛り上げ、チーム一丸となって目標に突き進む

◎やる気のないメンバーのモチベーションを上げる

「その仕事をやってなんの意味があるのですか？」

何事においても文句を言ってくるメンバーっていませんか？　あるいはいつも「やる気」の感じられないメンバーもいますよね。こうした存在が1人でもいるとチームの士気は大いに下がります。リーダーはメンバー全員が当事者意識を持って前向きに取り組むため、士気を高めなければなりません。例えば、

「全員で目標達成したら打ち上げで盛り上がろう！」

とかけ声かけても、「俺はいいよ」と冷めているメンバーもいます。

こういうタイプには**「その人なり」のやる気にさせる配慮が必要です。**

「君の発想に同僚は刺激されています。活躍を期待していますよ」

など、頑張ろうと思えるコミュニケーションを個別に取ることがリーダーの役目です。

やる気のないメンバーのモチベーションを上げる

やる気のないメンバーが１人でもいると チーム全体の士気ががた落ちに

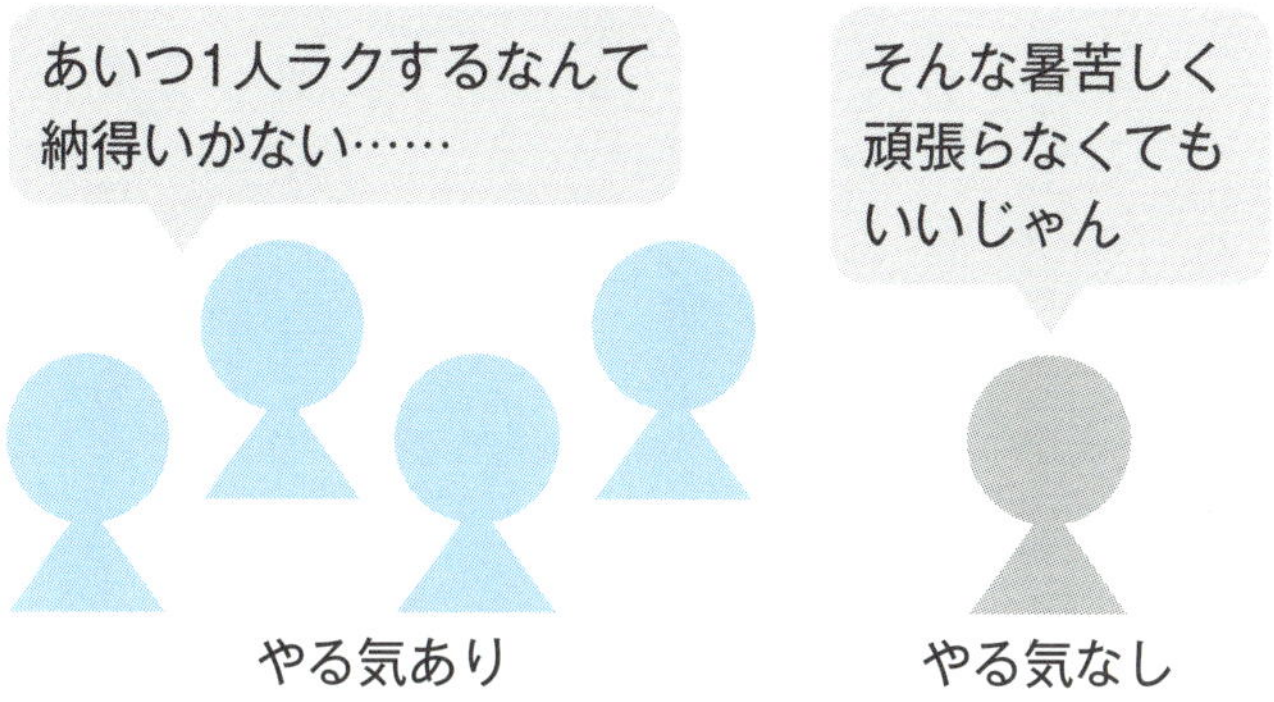
あいつ1人ラクするなんて納得いかない……
そんな暑苦しく頑張らなくてもいいじゃん
やる気あり
やる気なし

メンバーの性格や精神状態によって 話し方を変える

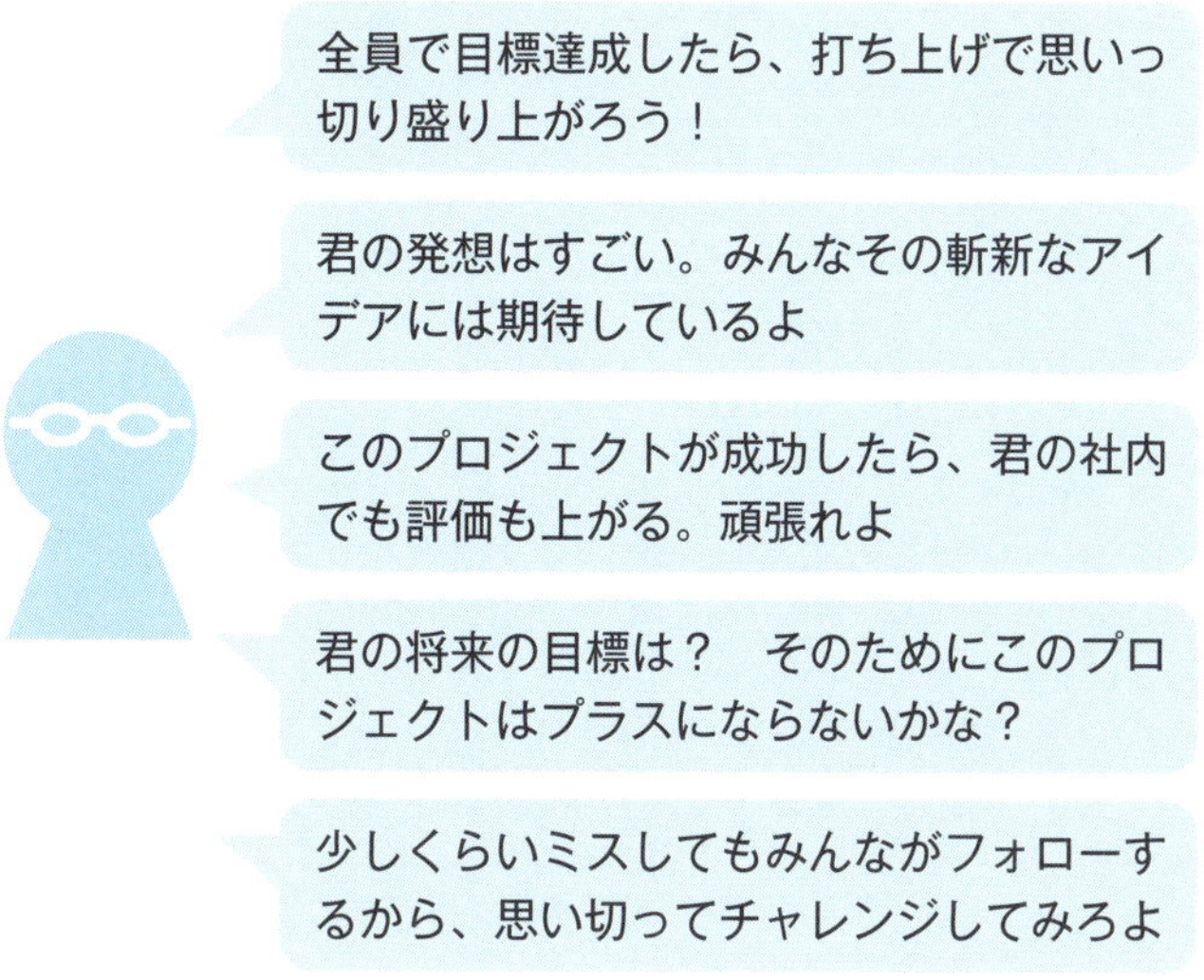
全員で目標達成したら、打ち上げで思いっ切り盛り上がろう！
君の発想はすごい。みんなその斬新なアイデアには期待しているよ
このプロジェクトが成功したら、君の社内でも評価も上がる。頑張れよ
君の将来の目標は？　そのためにこのプロジェクトはプラスにならないかな？
少しくらいミスしてもみんながフォローするから、思い切ってチャレンジしてみろよ

3つめの力

「レベルアップさせる」育成力

優秀なリーダーが適切に指導することで、メンバーの成長は大きくスピードアップする

◎メンバーから相談を持ちかけやすい雰囲気をつくる

リーダーがすべてのメンバーを手取り足取り指導することは不可能です。しかし、自分の経験を「伝える」「教える」ことでレベルアップに貢献することはできます。同じチームで成果を分かち合うために大変重要な役割です。ただしメンバーを無理やり指導してはいけません。そんなことをしてもかえって逆効果です。

大切なのは「レベルアップ」の相談が舞い込みやすい雰囲気をつくることです。いつもバタバタ忙しそうだと声もかけられません。そしてメンバーから相談が持ちかけられたら、

○「こんなふうにやってみたら？」と、ヒントを提供する
○「どうだった、うまくいった？」と、その後の進捗を聞いてみる
○うまくいかない点をアドバイスする

この3つを繰り返すのです。メンバーが創意工夫するための「指導員」になってください。

メンバー全員のレベルアップを図ろう

リーダーがメンバーを育成することで、チーム全体の業績が上がる

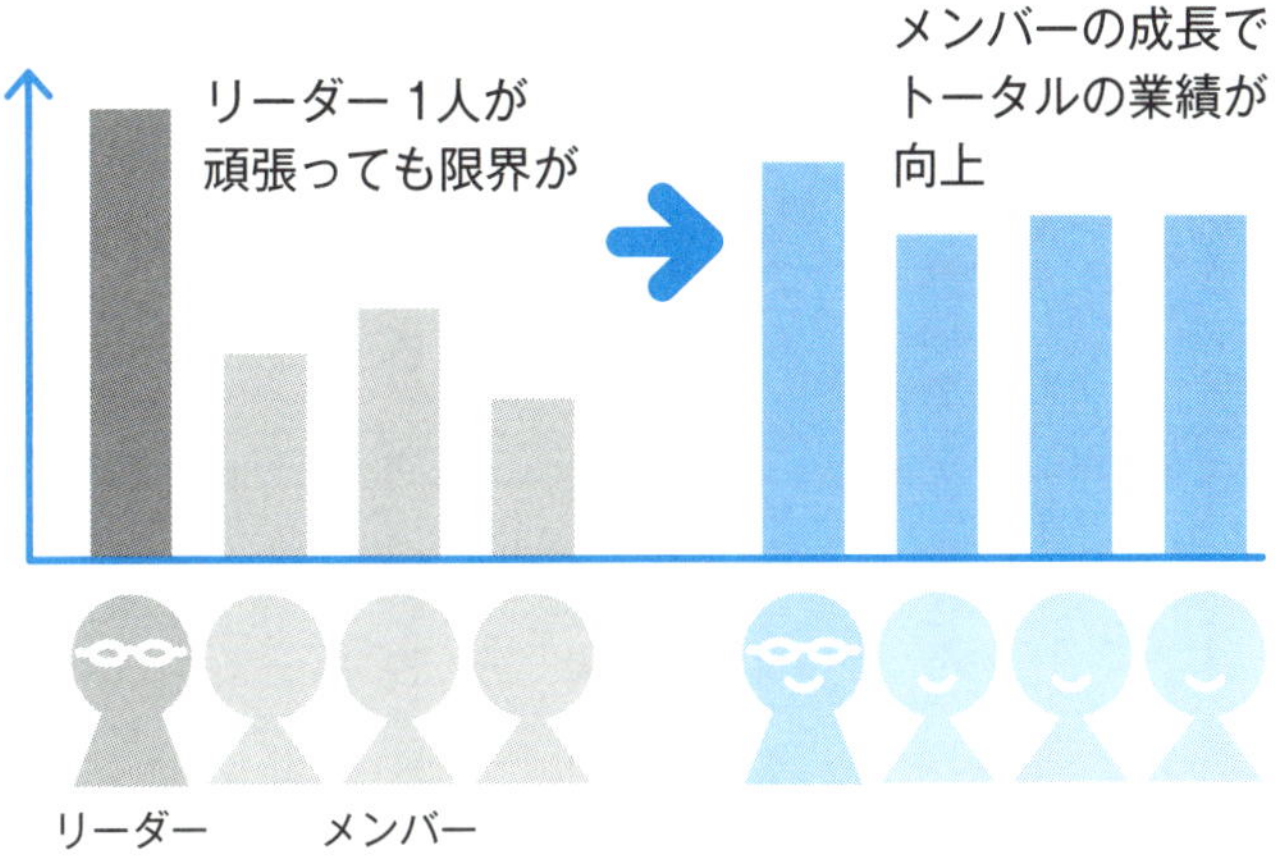
リーダー 1人が
頑張っても限界が
メンバーの成長で
トータルの業績が
向上
リーダー
メンバー

メンバーをレベルアップさせるポイント

1 時には叱咤激励型の指導も必要

「期待しているから」と、キツメの接し方もあり

2 ヒントとサポートだけを与え自分で考えさせる

手取り足取り教えるのは、メンバーの成長につながらない

3 メンバーが質問しやすい雰囲気をつくる

リーダーが忙しそうにしていると質問しづらいもの

4つめの力

「プランを練り上げる」発想力

リーダーの発想はメンバーよりも高い視点、新しい視点からのものでなければならない。ベースとなるのは積極的な情報収集だ

◎メンバーに「さすが」と思わせるアイデアを出す

「そんなやり方があったのですね」

周囲のメンバーとは違った切り口の発想が飛び出すと「さすが」と思うものですが、リーダーの発想は常に「さすが」でありたいものです。しかも「さすが」の意味は、

《「斬新」「視点が高い」「ユニーク」な差別化がある》

ことに加え、「実効性」が高く、実現性があるものがいいでしょう。単なる思いつきをぶち上げても意味がありません。むしろ、

「あの人の意見は現実離れしている」

と一歩引かれてしまうことでしょう。斬新な意見を発信するためには、それを十分に練り上げる準備が必要です。ですからリーダーは、そのベースとなる情報収集にこだわってください。

メンバーの視点を変えるアイデアを用意する

煮詰まったとき、リーダーは斬新なアイデアを出して現状を打開する必要がある

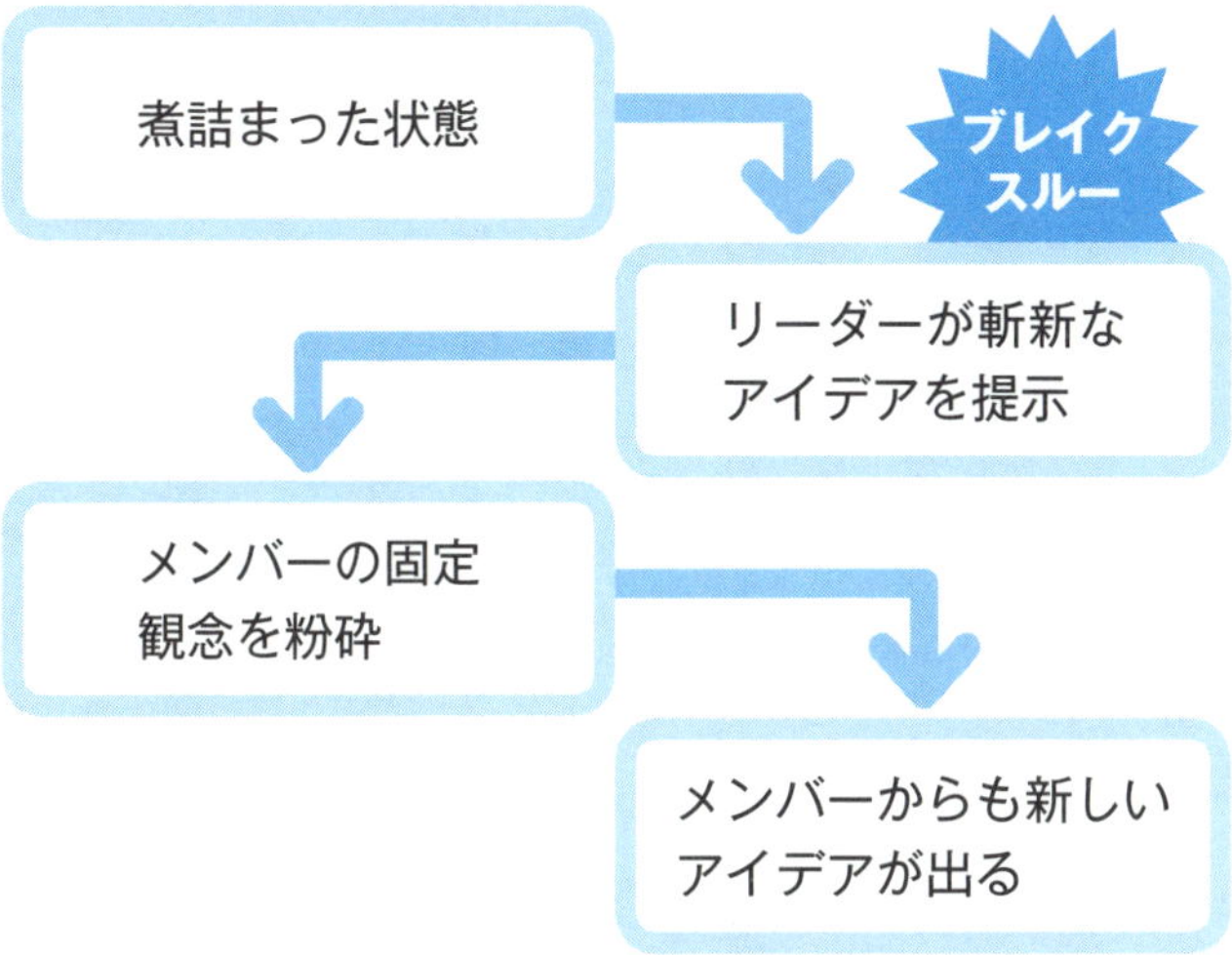
煮詰まった状態
ブレイクスルー
リーダーが斬新なアイデアを提示
メンバーの固定観念を粉砕
メンバーからも新しいアイデアが出る

斬新なアイデアは、毎日の心がけから生まれる

情報収集
テレビ、雑誌、ネットのほか、街の風景、家族との会話など

多角的な視点
1つの情報を様々な視点から見ると、思わぬ発想が生まれる

メモ
思いついたこと、気になったことは、忘れないようにすぐにメモを

話す
つまらないと思ったアイデアも、まずは人に話して反応を見る

5つめの力

「ピンチを切り抜ける」打開力

誰もがネガティブになる難局こそリーダーの出番。率先して困難を打ち破り、チームに勢いをつけよう

◎クレームに対しても冷静に対応

野球のリリーフピッチャーで、ピンチに動じない守護神のような存在、って頼りになりますね。もちろん職場でもピンチは訪れるもの。お客様からのクレームや契約のミスのようなことから、会社が倒産するかもしれない大事件の処理まで、ピンチは頻繁に訪れます。そんなピンチの時に現場でメンバーを仕切るのはリーダーの役割です。具体的には、

○まず周囲を落ち着かせる
○冷静に状況を把握する
○適切な判断と指示をする

ということですが、**ピンチは常にチャンスの裏返しです。**突然舞い込むクレームを解決するだけではなく、さらに次の仕事へつなげることができれば、周囲のあなたを見る目が変わります。

ピンチのときほどリーダーの実力が問われる

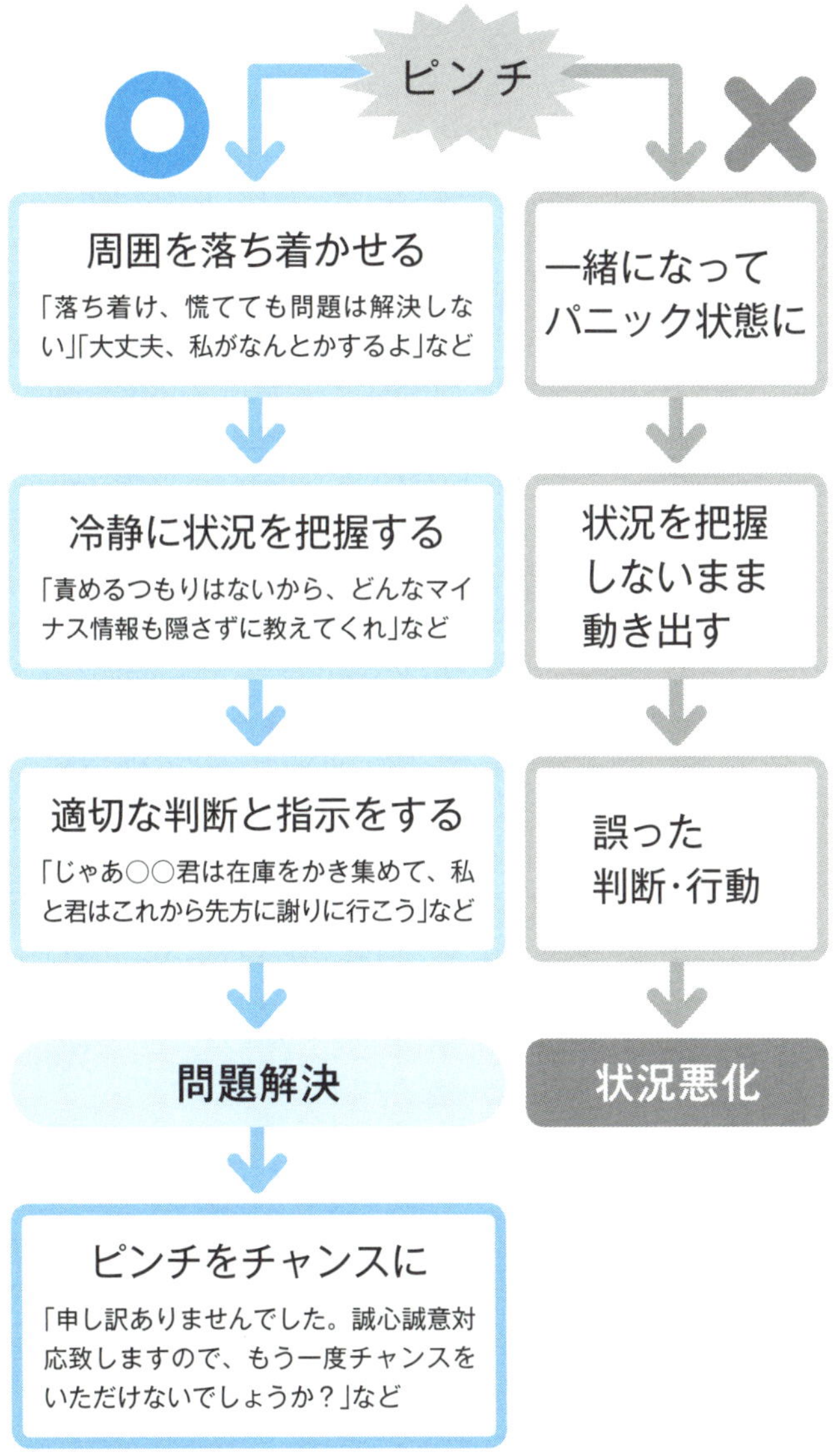
ピンチ
周囲を落ち着かせる
「落ち着け、慌てても問題は解決しない」「大丈夫、私がなんとかするよ」など
冷静に状況を把握する
「責めるつもりはないから、どんなマイナス情報も隠さずに教えてくれ」など
適切な判断と指示をする
「じゃあ○○君は在庫をかき集めて、私と君はこれから先方に謝りに行こう」など
問題解決
ピンチをチャンスに
「申し訳ありませんでした。誠心誠意対応致しますので、もう一度チャンスをいただけないでしょうか？」など
一緒になってパニック状態に
状況を把握しないまま動き出す
誤った判断・行動
状況悪化

6つめの力

「方向を示す」発信力

様々な方向を向いているメンバーをまとめ上げ、リーダーは進むべき道筋を指し示す

◎メンバーが迷い方向性を見失ったときはリーダーの出番

職場のメンバーは、よく会社や自分の将来に関し迷ってリーダーに尋ねます。

「この会社はどの方向を目指しているのですか？」

「5年後のキャリアプランが見えないのですが」

といった内容です。**できるメンバーは自分で方向性を定めながら行動できますが、大抵のメンバーはそれができません。**リーダーが方向性を指し示してあげないと、迷ったり戸惑ったりしてしまいます。例えば仮に、

「当社は3年後に売り上げ2倍と株式公開を目指す」

と指針が掲げられても、「じゃ、自分はこうしよう」と個人的な方針が決められないのです。

メンバーが理解できる身近なレベルで方向性を示し、迷いを払ってあげることもリーダーの役割なのです。

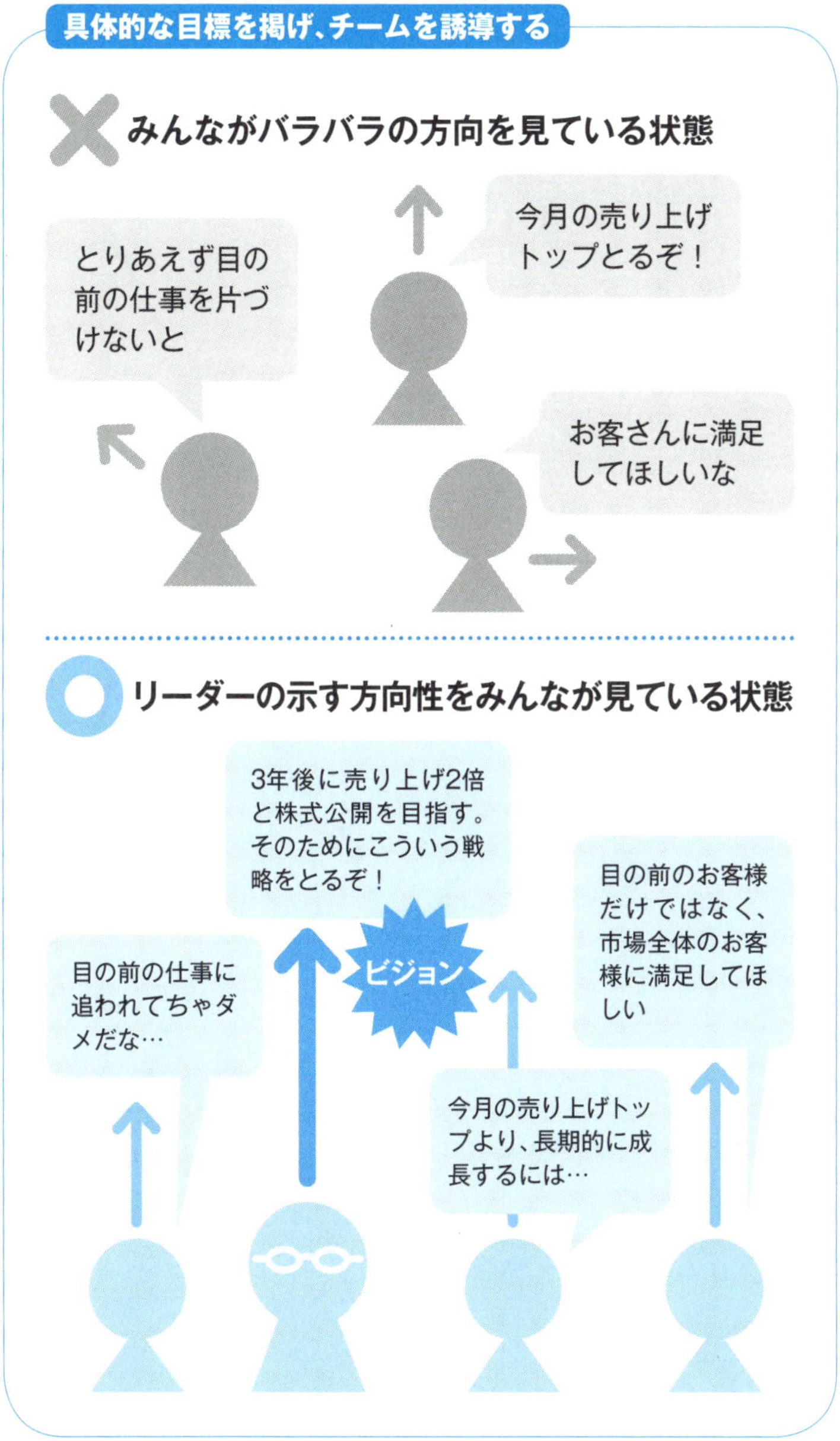
具体的な目標を掲げ、チームを誘導する
✕ みんながバラバラの方向を見ている状態
とりあえず目の前の仕事を片づけないと
今月の売り上げトップとるぞ！
お客さんに満足してほしいな
○ リーダーの示す方向性をみんなが見ている状態
3年後に売り上げ2倍と株式公開を目指す。そのためにこういう戦略をとるぞ！
ビジョン
目の前の仕事に追われてちゃダメだな…
目の前のお客様だけではなく、市場全体のお客様に満足してほしい
今月の売り上げトップより、長期的に成長するには…

7つめの力

「統率して引っ張る」牽引力

リーダー＝「リードする人」。脱落者が出ないよう、メンバーを導き目的地まで引っ張っていくことが重要な役割だ

◎自分についてくるメリットを提示する

「俺についてこい」と統率するのがリーダーの姿です。ただし、現代の社会にただ黙ってついてくる奇特なメンバーはいません。

◎**ついていくとトクをする**
◎**ついていくとソンしない**

と思える指針を示さなければ、牽引力は発揮できませんよ。

「発言に影響力はあるけれど、社長に嫌われているから」
「本当に実行できるとは思えないな」

と疑いの目で見ているものです。かといって、そこで力強く拳を振り上げてもダメです。大切なのはついていきたくなる「説得力」と、そこに「根拠」があることです。リーダーは統率するために、常に裏づけが必要なのです。

こんなメリットに、メンバーはついてくる

明確なビジョンがある
自分が向かうべき方向性を指し示してくれる

自分が成長できる
一緒に仕事をすることで多くのことが学べ、成長できる

人脈を得られる
リーダーの持っている人脈を利用することができる

いざというとき頼りになる
困ったときに守ってもらえると、思い切って仕事ができる

一緒に仕事していて楽しい
楽しく仕事ができると、結果的に成果にもつながる

高いモチベーションを維持できる
モチベーションの高い人と一緒だと、自分もやる気が出る

牽引力を支えるのは「メンバーからの評価」

- 実績がある
- 誠実で自己保身が少ない
- 上司に媚びを売らない
- モチベーションが高い
- 公平に評価する
- 下をサポートしてくれる

8つめの力

「メンバーを守る」包容力

いざというときにリーダーがチームを守らなければ、
メンバーは安心して働くことができない

◎リーダーのフォロー、サポートをメンバーは望んでいる

「この人は自分が困ったときに周囲から守ってくれる」と思える先輩が職場にいますか？　なかなかいませんよね。

「あの人はいつも上の顔色ばかりうかがっている」と陰口を叩かれたり、メンバーが困った状態なのに「知らん顔」をしていたり……そんな態度では、メンバーの信頼を得ることはできません。困ったときに温かい気持ちで、

○フォローしてもらえる
○サポートしてもらえる

ことをメンバーは望んでいます

あなたがリーダーなら、メンバーがピンチに陥ったとき、力になる存在になりましょう。

それがリーダーに求められる包容力なのです。

守ってくれるリーダーはこんな言動をする

メンバーが、新商品のキャンペーンにタレントを使わずそのぶん価格設定を下げるプランを起案

↓

上司は「前例がない。価格が上がってもいいから、タレントを使ってキャンペーンを張れ！」と猛反対。低価格プランはボツに

↓

リーダーが上司に対し再度起案。「メンバーのプランを実行したい。責任は私がとります」と説得する

↓

反対していた上司も、リーダーの粘り強い説得に折れ、低価格プランが通る

↓

発売したところ、低価格プランは大成功し、ヒット商品になる。起案者であるメンバーは高い評価を得る

↓

リーダーに対するメンバーの信頼感が高まる

Q 困った！ 上司に強引にリーダーに指名されて不安です

自分よりも優秀な人を差し置いて、上司から新しいプロジェクトのリーダーに指名されてしまいました。彼らの模範になって、仕事をサポートしたり、指示を出したりなど、私にはとても無理です……

A 上司から「リーダーになってくれ」と言われて、たいそう責任のある、重大な役割を与えられたかのようなイメージを持ったかもしれませんが、実はそれほど大したことではありません。

様々な責任を背負う「管理職」と違い、チームリーダーは、ある1つの仕事やプロジェクトをまとめるための便宜上の役割でしかありません。そこまでプレッシャーを感じる必要はありませんよ。

第一、あなたがリーダーに向いていると思って選んだのは、あなたの上司です。失敗したり、思ったような成果が出なかったりしても、それはあなたを選んだ上司の責任と開き直ってしまいましょう。

自分がリーダーに選ばれたことに納得がいかなければ、正直に上司に理由を聞いてみることをおすすめします。「なぜですか？」と聞かれても上司は答えにくいでしょうから、「どういう場面を見てリーダーに向いていると思いましたか？」などと問えばよいでしょう。

人というのは、意外に自分のことがわからないものです。あなたがリーダーに選ばれたなら、自分では気がつかないだけで、おそらくリーダーにふさわしい素養があるのでしょう。「成績はトップではないけれど、誰かが失敗したときに、いつもさりげなく慰めている」、そんな意外な答えが返ってくるかもしれませんよ。

→ **「責任は上司にある」と開き直り、肩の力を抜いてトライ！**

第3章

達成力&士気力

メンバーに仕事の醍醐味を伝えよう！

コツ編

7

達成力1

どんなときでも効率よく成果を出すことができる、目標達成のサイクルとは何か？

「多忙でも成果」を引き出すコツ

◎「成果につなげる」サイクルをつくる

リーダーは職場でも他の人より忙しい存在です。そんな忙しい中で確実に成果を出すためにどうしたらいいでしょうか？　まず気持ちの持ち方として、

《成果を出して当たり前》

と思うことが大切です。「忙しいから成果が出なくても……」と自分を甘やかさないようにしましょう。その前提が「ＯＫ」ならば、次は「成果につなげるサイクル」をつくることです。例えば、

○自分に期待される成果は何か？
○そのために必要な行動は何か？

を棚卸しして、「成果につなげる行動」に使う時間を確保しましょう。営業なら週単位でする訪問の時間、管理部門なら自分の業務に集中する時間のことです。そして「成果に

成果につなげるサイクル

③～⑤がうまく循環すると効率的よく成果が出る

1 「自分に期待される成果」を理解する

↓

2 そのために必要な行動を考える

↓

3 「成果につなげる行動」に集中する

↓

4 期待された成果を出す

↓

5 「おいしい仕事」が自然と集まってくる

（5から3へ戻る矢印）

つなげる行動」以外の周囲から飛び込んでくる仕事を、勇気をもって「断る」「後回しにする」意識が必要です。

◎リーダーとしてやるべき仕事を理解する

「忙しいのはわかるけど、相談に乗ってくれない？」

との隣の部署の同僚からの相談や、

「ちょっと手伝ってくれる？」

との上司からの頼みごとも、時には勇気をもって断ったり、後回しにしてください。

リーダーは職場の便利屋ではないからです。社会に出て経験が豊富になれば「できる」「やれる」仕事は増えてきます。しかし、**あなたがリーダーとして期待されている仕事こそが「やるべき仕事」であり、そうでない仕事を「安請け合い」しないようにしましょう。**

また、やるべき仕事で成果を出すために「ゴールまでやり切る」ことを心がけてください。会議でも商談でも「今日はどこまでやればいいのか？」を把握し、決めたゴールに向かって「無駄」「寄り道」は避けていきましょう。営業なら5回より3回の訪問で契約に至ることができれば、残りの2回の訪問分で別の仕事が可能となるわけです。リーダーは目的意識をより高く持って行動することが求められると思ってください。

「成果につなげる行動」のコツ

上司や同僚からの頼みごとも勇気をもって断る

(例1)「この仕事もついでに頼んでいいかな?」

(例2)「●●君がいないから、
代わりにやっといてくれない?」

(例3)「今やっている仕事は後回しにしてもいいから、
こっちを先にやって」

断る!

リーダーとしてやるべき仕事を優先させ、
それ以外は安請け合いしない

常に「ゴール」を設定する習慣を

- 「絶対にやるべき仕事」「できたら終わらせたい仕事」「できればやる仕事」を前日にリストアップしておく
- 会議で話し合う議題とそれぞれに費やす時間をあらかじめ決めておき、時間内に必ず結論を出すようにする
- 作業を頼む際は「○○日までに」という期限を伝える

8

達成力2

「周囲のお手本」になるコツ

メンバーから「自分もあんなビジネスパーソンになりたい」と思ってもらえるリーダーになるには?

◎自分の仕事ぶりをメンバーに見せる

リーダーの仕事ぶりは周囲のお手本にならなくてはいけません。仮にいい仕事をしても、「周囲に迷惑」だったり「かけ離れた存在」であったりしては意味がありません。

「あの先輩、仕事はできるけど……ああはなりたくないな」

と思われていてはお手本にはなれません。リーダーは「自分もやってみよう」「あの人のようになりたい」とメンバーが思える活躍をしてください。さらに言えば、その活躍を「見える化」させてください。その理由は、**一般にリーダーの活躍はメンバーからは「見えない」もので、なおかつあなたが偉い存在に見えて内容を聞けない場合が多い**からです。

「聞きたいことがあれば、いつでもいいぞ」

と言っていても、それでもまだあなたとメンバーの距離は「遠い」かもしれません。だからこそ、リーダーは成果の「見える化」を積極的に意識しましょう。

リーダーは周囲のお手本になる

■仕事の実力だけではメンバーはついてこない

メンバー

あの先輩の仕事のやり方はすごい。あの人のようになりたい ○

ならいいが…

確かに仕事はできる人だけど……ああはなりたくないな ×

と言われる場合も

■「マネしたい」と思われる人の特徴

身体面	●感情豊かな表情 ●清潔感があり、他人に不快感を与えない服装・髪型
性格面	●自分に自信を持ちながら、人に対しては謙虚 ●「無駄」「どうせ」といったネガティブな発言をしない
行動面	●人の話をよく聞き、決して一方的に否定することはしない ●誰に対しても公平で責任逃れをしない ●上司に対して、必要以上のおべんちゃらを使わない

◎「見える化」することはリーダー自身にとってもプラスに

「見える化」で大切なのは、結果につながるプロセスを具体的にメンバーに示すことです。

例えば大きな契約を取ってきた営業の成果であれば、契約に至るまでの過程で、

○提案書の中身
○商談中に発生した問題点
○解決方法

などを開示してあげてはいかがでしょうか？

「今回は大きな契約をいただきました。皆さんの参考になる部分もあると思いますので契約に至る経緯とポイントを紹介します」

と会議でメンバーに向けて共有の機会をつくることも、1つのお手本になるやり方です。

忙しいリーダーが成果を「見える化」するのは手間もかかって大変ですが、自分の成功パターンを整理するいい機会だと思って取り組んでください。

私も営業時代に企画の立て方や営業トークなどをまとめて「見える化」し、メンバーと共有していました。当初は「人のために面倒だな」と思ったときもありましたが、むしろそれは自分の行動を整理して「次に」つなげるいい機会になっていきました。仕事を「見える化」することはメンバーにもリーダーにもプラスになることなのです。

自分の仕事を「見える化」してメンバーに示す

仕事で成果を出す

↓

自分の仕事を「見える化」する

- アプローチ方法
- クライアントのニーズ
- 提案書の中身
- 商談中に発生した問題点
- 解決方法
- 次回への課題

など

↓

自分の成功パターンを分析し共有する

↓

他のメンバーもマネをすれば
成果が出せるように

↓

チーム全体の成果が上がる

9

達成力3

「憧れの存在」として活躍するコツ

「長期的な視野」と「広い視野」を持つことで、ワンランク上の考え方を示し、成果を出そう

◎憧れられるリーダーを目指そう

「あの人のようになりたい」と思われる、影響力の大きいリーダーは憧れの存在でもあります。よくスポーツ選手や俳優の中でも存在感のある人のことを「カリスマ的」と呼びますが、カリスマ（charisma）とは、普通の人が持ち合わせない、人を魅了する超人的な能力、また、その能力を持つ人のことです。憧れとは、周囲を魅了する何かを備えている、いわばカリスマ的な存在に対して生まれるものです。

具体的には「一歩先を行く」「目新しい」行動や発言を心がけてみましょう。職場はルーティンといわれる、決まり切った仕事が意外と多いものです。こうした仕事のやり方に一石を投じるような取り組みができると、周囲の目が憧れに近づきます。例えば、**《目新しい仕事のやり方で劇的な成果を上げる》**と効果があります。

職場の決まった業務を大きく改善する手法を実践するとか、新しい営業先を開拓すると

職場の「カリスマ」になる7か条

1. どんな困難な仕事でも、チーム全体の成績を引っ張り上げるくらいの成果を出す
2. 臆することなく、常に高い目標を設定している
3. 既存の目標にとらわれず、新しい方向性（ビジョン）を示す
4. 一歩先行く新しい情報をキャッチする
5. 独創的なアイデアを次々に生み出す
6. 新しい仕事のやり方を生み出す
7. 従来の弱点を指摘し、革新的な業務改善案を立てる

か、「目からうろこ」の取り組みを実行することです。

◎目先ばかりでなく先のことを意識する

私のケースをご紹介します。「現場の担当者を訪問する形の営業が普通」という社内の風潮とは一線を画し、「業績を劇的に向上させるためにキーマンにしか会わない」と決意、経営者自身へのアプローチを繰り返して業績を倍以上にしたことがありました。その成果を通じて職場から「すごい」「あの人のようになりたい」との声が上がるようになりました。普通と違う「窓口開拓」で「大きな成果」が出たことが憧れにつながったのでしょう。

また、将来を見据えた行動や発言で影響力を高めることも大切です。

職場は目先の業績や成果を意識しがちですが、管理職になるとそれがさらに顕著になります。過去の経験から冒険ができないのかもしれません。

「部長、ここは勇気をもってやってみましょう」

「将来のために新規事業をやるべきです」

憧れのリーダーには、経験を脇に置いて発言し、行動できることが求められます。

最後に大切なのは「一歩先を行く」「目新しい」行動や発言のための情報収集です。アンテナを広く張って、一歩先行く情報を先取りしましょう。

目先の業績や成果にとらわれない

■長期的な視野を持って行動する

今は厳しいが、景気回復後に会社を建て直すためには、技術者をクビにするわけにはいかない

景気後退だから、とにかくすぐにでもリストラをして人件費を削減しよう

■広い視野を持って行動する

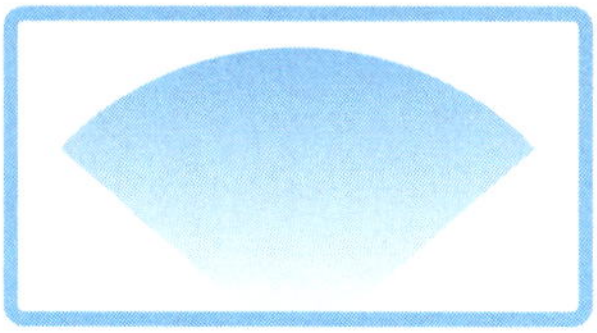

中国の人件費高騰も一段落した。今が進出のチャンスだ！

日本中が不況だから、新規事業は控えよう

10

士気力1

モチベーションが落ち、業績が低迷しているチームに、再びやる気を起こさせる2つのパターンとは

「組織の本気」に火をつけるコツ

◎新しいことを始めて、マンネリ感を打破

職場の仕事がマンネリになると業績は低迷するものです。常に新鮮な気持ちで情熱を持って取り組みたいものですが「慢心」「諦め」はつきものです。仕事がうまくいっている状態のときこそ要注意なのかもしれません。

リーダーは職場が本気な状態であれば「そのまま」邁進できるように見守り、「慢心」「諦め」が出ていると感じたときは、組織が本気になるよう火をつけるしかけをしたいものです。ただし、本気に火をつけるためには「本気になれない」原因を把握する必要があります。その原因から逆算して、組織に火をつけるしかけをつくりましょう。

●マンネリケース1➡仕事に頭打ち感がある

何をやっても成果が出ない、あるいは仕事がうまくいかないとき、「もう無理」と感じると、「頭打ち感」が職場に蔓延します。そんなとき何を言っても、メンバーはネガティ

マンネリが原因でだらけてしまったら？

新しいことを始めて新たなモチベーションを

●マンネリ感
「同じことばかりで飽きてきた」

●慢心
「そんな必死にならなくても売れるから」

●諦め
「うちの製品なんてどうせ売れないし」

↓

新鮮な気持ちを取り戻し頭打ち感を打破！

- 新しい業務目標の設定
- 新しい手法の採用
- 新視点からのアプローチ
- 新規事業、新商品開発

新しいことを始めるときのコツ

- できるだけ具体的な目標、手法を提示する
- メンバーの意見を取り入れ「一緒にやろう！」という気持ちを刺激する
- 1回だけではなく、何度でも繰り返し目標を掲げてメンバーの心にすり込む
- チャレンジ精神がわく、革新的な内容にする

ブな発言をしがちです。この状態の組織をやる気にさせるには、打開策を示して叱咤激励することに尽きます。新たな展開が見えればメンバーは活路を見いだすことができます。「このやり方は面白いよね」「新しい提案方法を思いついたんだけど」と、リーダーが新たな取り組みを発案するのです。そして「一緒にやろう」と、ともにチャレンジする投げかけをして、組織をやる気にさせましょう。

◎競争相手を設定して対抗意識を刺激する

●マンネリケース2 ➡ 成功体験に慣れてしまった

何事も成功が続くと「安心感」が出てしまいます。この安心感が生まれると組織にはなかなか火がつきません。「やればできるから大丈夫」と仕事をなめてしまうのです。**ここはチームに緊張感を生むため、ガツンとした行動に出ましょう。**一番いいのは「ライバル」を登場させて焦らせる作戦です。営業であれば「競合会社」、職場であれば「同僚」の台頭をほのめかしてみるのがいいでしょう。

「今のままだと競合の○社は黙っていないのではないでしょうか?」

「これくらいの成果なら、後輩の△君にすぐ追い抜かれてしまうかもね」

このように状況に応じたしかけをすると効果的でしょう。

成功体験から気がゆるんでしまったら？

■競争相手を設定して対抗意識を刺激する

成功が続くとそれが当たり前になり、必要以上の安心感が出てだらけた雰囲気になってしまう

解決策

ライバルを登場させる

「競合の○○社の売れ筋商品のシェアを奪う、画期的な製品をつくろう！」など

↓

対抗意識があおられ、「よ～し、やってやろう!」と奮起する

■競争相手の登場はチームの分裂を防ぐ

チームより、自分の成績を重視する風潮

「あいつの足を引っ張ってでも、俺がトップになってやる！」

他社に強力なライバルが登場すると？

→

一致団結する意識に

「足の引っ張り合いなんかしている場合じゃない！」

11

士気力2

「気持ちの高揚」を促すコツ

「責任」や「名誉」を感じさせれば、メンバーにやりがいが生まれる。
リーダーの期待が成長の栄養だ

◎メンバーを高揚させるのもリーダーの仕事

成果を上げるためにメンバーの気持ちを高揚させることもリーダーの役割ですが、そもそも人はどうすると高揚するのでしょうか？　高揚とは精神や気分などが高まることで、「よし、やってやるぞ」「俺に任せてくれ」と思えるような、胸の高鳴る気持ちになることです。特に、仕事を任せたメンバーに気合を入れて頑張ってほしいときには、リーダーは「言葉」や「行動」をしかけてメンバーの気分を高めたりします。

私も営業時代には月末の最終日とか、スタッフ時代には大事なプロジェクトの山場などで、気持ちを高揚させるしかけをしたものです。また仕事以外のスポーツなどでも、大事な試合でキャプテンがよく気持ちを高揚させるしかけをしています。気合を入れるかけ声をかける、大学であれば校歌を歌う……なんて方法もあるでしょう。

気分が高揚すると仕事の効率もアップ

高揚していないチーム

行くか……
はーい……
リーダー
メンバー達

チームの成果は低い

高揚しているチーム

行くぞ!
おー!
やるぞ!!
リーダー
メンバー達

チームの成果は高い

ただし、高揚しすぎると…

- 気負いすぎて思わぬ失敗
- 無謀な選択をする可能性が

◎期待を伝えることでメンバーにやる気を起こさせる

では、職場でメンバーを高揚させるためにどうしたらいいでしょうか？

私がリーダーのときは、職場のメンバーに対して「責任」「名誉」を感じさせる期待の言葉を投げかけることで、気持ちが高揚するきっかけをつくっていました。具体的には、

「このプロジェクトで関わる仕事は重大な任務だと思ってくれ」

と、周囲の期待や責任感の重さで気分を盛り上げたり、

「社長と直接仕事ができる機会はなかなかないぞ」

と、役目の名誉な点を強調し、やる気を高めたりするのです。誰でもそうですが、**気持ちが高揚すると期待値以上の成果につながることが少なくありません。**

ただし注意しないといけないのは「気負いすぎ」のメンバーです。高揚するのはいいのですが、それが行きすぎてしまうと冷静さを欠いて無謀になってしまうこともあります。それでは元も子もありません。

「冷静さは失わないように、深呼吸、深呼吸」

と、心を落ち着かせる必要性も頭に入れておきましょう。つまり、メンバー1人1人の性格やその時々の精神状態をしっかり把握することも、リーダーの仕事のひとつといえるでしょう。

「評価」でメンバーを高揚させるコツ

成果だけでなくプロセスも評価する

「プレゼンの内容がよかった」「他のメンバーをよくサポートした」「面倒な作業を担当した」など

評価基準を明確にする

「同じ仕事をしても●●君より評価が低かった」では、モチベーションはがた落ち。評価基準をオープンに

評価に合った責任や権限を持たせる

言葉だけではなく、より大きな仕事を任せたり仕事の難易度を上げたりして、こちらの信頼を伝える

期待を伝える

言葉だけではなくメールや文書で伝えたり、ミーティング時など他のメンバーの前で伝えたりすると効果的

報酬を与える

給料アップの査定、慰労の食事に誘ってみる、記念日にプレゼントを贈る、研修のチャンスを与える、など

12

士気力3

「やる気が出る」発言をするコツ

リーダーの言葉遣いひとつでメンバーはやる気を出し、また逆にやる気を失うことを覚えておこう

◎細かく報告を求めることはメンバーのやる気をそぐだけ

メンバーの仕事でのやる気をキープするためには、任せた仕事の状況を聞く際にも「聞き方」をいろいろ考える必要があります。特にポイントとなるのが、任せた仕事の途中経過を尋ねる際の聞き方です。

やる気マンマンでスタートしたとしても「本当に大丈夫か?」とリーダーは気になることが山積みでしょう。ただ、ここで、

「あの仕事どうなっている?」

と、**あまり細かく聞かれると、任せられた立場からすれば「信用していないの?」という気持ちになります。** やる気を削ぐ結果になりかねないので聞き方はとても重要です。

ちょっと話が脱線するようですが、

「ちゃんと宿題やっている?」

メンバーのやる気をそぐNGワード

リーダーの言葉		言われたメンバーの気持ち
「あの仕事はちゃんと進んでいるか？」	→	やっぱり信用されてないんだ…
「いいから、俺の言うとおりにすればいいんだよ」	→	じゃあ、自分では何も考えなくてもいいや
「全然できてないじゃないか」	→	頑張ってやった部分は全然見てくれないんだ
「せっかくこの仕事を任せたのに……」	→	どうせ俺の能力じゃこの仕事はできないよ。今度は断ってやる
「いいよ、適当にやっとけば」	→	俺はどうでもいい仕事しか任されないのか

と言われて、「今のひと言でやる気がなくなった」と開き直る子供っていませんか？　子供は親の疑いの目を大いに嫌います。話を戻すと、子供だけではなく、ビジネスパーソンも疑いの目は気持ちいいものではありません。

◎ネガティブな方向ではなくポジティブな方向から聞く

任された仕事について事細かに、「大丈夫？」「やれている？」と口に出して確認されると、「やる気がなくなった」となってしまいがちです。ですからメンバーにやる気を出させたいときには我慢も必要です。

当然ですが、メンバーの仕事の途中経過は気になります。リーダーとして、任せた仕事には責任があるからです。メンバーのやる気を下げず、むしろやる気を高めるような途中経過の聞き方はあるのでしょうか？　実はあります。意外と簡単な方法です。それはメンバーの仕事ぶりに期待し、興味を示しながら聞くという方法です。「大丈夫？」ではなく、「楽しみ」と表して聞くと、メンバーは素直に経過を教えてくれるはずです。

「すごく興味があるので途中経過を教えて」

質問の目的は同じですが、リーダーのスタンス1つでメンバーの受け取り方は大きく変わるのです。人は「やらされ感」の高い仕事は嫌なことがよくわかりますね。

メンバーのやる気をそがない仕事の進行状況の聞き方

「すごく興味あるので途中経過を教えてくれないか？」	心配していると言うと相手は信頼されていないと感じる
↓	
「それはすごいな」	話をいきなり反論・否定すると反発を招く。まずはポジティブなコメントから
↓	
「ここはどうなっている？」「君ならどう思う？」	一方的な指示を与えるのではなく、意見を聞くことにより自分で考えさせる
↓	
「大丈夫、君ならできるよ」	信頼感と今後も期待していることをアピール
↓	
「サポートが必要なら遠慮なく言ってくれ」	問題が発生したとき、メンバーがリーダーに声をかけやすくなる

Q 困った！ ダメ出しをすると、すぐにキレるメンバーがいます…

チームに非常に短気で扱いにくい人がいます。問題点にダメ出しなどしようものなら、逆ギレしてこっちの話を聞きません。こんな扱いにくいメンバーに対し、リーダーとしてどう指導したらよいでしょうか？

A 人に欠点を指摘されて気持ちのいい人はいません。だから、ダメ出しされてキレるのは、ある意味で当たり前です。短気な人はそれが表に出やすいだけであって、たとえ表面上はキレていない人でも、おそらく心の中では面白くないと感じているはずです。

そもそも、リーダーだからといって、あなたがメンバーに対して面と向かってダメ出しをすることなど10年早いのです。相手がキレるような対応をしておきながら、「あいつは短気だから困る」などと言っているようでは、いつまで経っても優秀なリーダーにはなれません。

何か気にかかることがあったら、相手を否定するのではなく、「こういうやり方もあるけどどう思う？」と、自分なりに新しいやり方を提案する言い方にしましょう。

これは話し方のテクニックではなく、基本的なスタンスの問題です。リーダーには管理職のような絶対的な命令権があるわけではなく、また、教師のように「自分の方が絶対に正しい」と言える立場にはありません。そこを勘違いして「リーダーである俺の方が正しいから、あいつの考えを正してやらなければならない」とばかり、上からものを言うような姿勢では、メンバーの反感を買うだけでしょう。

「僕は思うんですけど、こういうやり方ではどうでしょう？」「こういう言い方なら、お客様に対して不快感がないかもしれませんね」というように、「否定」ではなく「提案」をすることで、問題は十分に解決できます。謙虚に、誠実に、メンバーに対応してください。

→ **「否定」ではなく「提案」を。リーダーは謙虚で誠実にがモットー**

第4章

育成力＆発想力

チームに新しいパワーを吹き込もう！

コツ編

13

育成力1

「天狗にさせずに」褒めるコツ

メンバーを育てたいならただ漠然と褒めるだけではダメ。長所や成長した部分をしっかり褒めよう

◎褒め上手になる

褒められて嬉しくない人なんていません。ましてや先輩から「やるじゃない」と褒められれば、「明日も頑張るぞ」となるはずです。ところが実際のところ、職場には褒め上手なリーダーは、なかなかいません。

○自分は褒められたことがない

○褒める言葉をうまく使えない

などが理由ですが、最近の若手社員には叱るより褒めて育てる方法をおすすめします。

大切なことは、**そのメンバーに伸びてほしい点をきっちりと褒めること**です。ただし、褒めるのも度が過ぎると、調子に乗り逆効果となる場合があります。単に「お前はすごい」「大したヤツだ」と持ち上げるだけの褒め言葉は避けた方がいいでしょう。リーダーからすれば、小さな成功体験を通じてやる気を次につなげるために褒めているのに、

上手に褒めることの効果

褒められることで不安が解消し自信が持てる

不安な状態

自分は周囲に評価（信頼）されていないのでは？
→
- 認めてもらおうと無茶をする
- 周囲に反発し、適切なコミュニケーションがとれなくなる

自分の能力に自信が持てない
→
- モチベーションが落ちる
- 人の意見に左右されてしまう
- 新しい挑戦に怖じ気づく

リーダーから上手に褒められる

↓

安心した状態

自分は周囲に評価（信頼）されている
→
- むやみに反発せず、他人の意見を素直に聞ける
- 適切な人間関係が築ける

自分は能力に自信を持つ
→
- モチベーションを保てる
- 人の意見に流されない
- 新しいことを怖れずに挑戦できる

「自分は大した仕事をやったのだ」

「この成果は自慢してもいいのだろう」

と勘違いするメンバーは意外に多いのです。自身を過信してしまうメンバーをつくることは、いい迷惑にしかなりません。

◎メンバーの長所や、成長した部分を褒める

天狗にさせずに「明日からも頑張ります」となるような褒め方のコツは
①成長途中だと諫めつつ
②成長著しい点を褒める
③最後に期待を込める
となります。例えば、接客を担当する若手メンバーの仕事ぶりを褒めるときに、

「まだ合格点はつけられないが、お客様への迅速な対応はだいぶ進歩した。素晴らしい。さらに精進してほしい。期待しているよ」

こうして褒めるためには、メンバーの成長を的確に把握することも大切です。**思いつきで「お前はすごい」などといい加減に褒めてしまえば、すぐにメンバーにその策略をさとられてしまいます。**気をつけましょう。

褒め上手になるポイント

上手な褒め方と下手な褒め方の違い

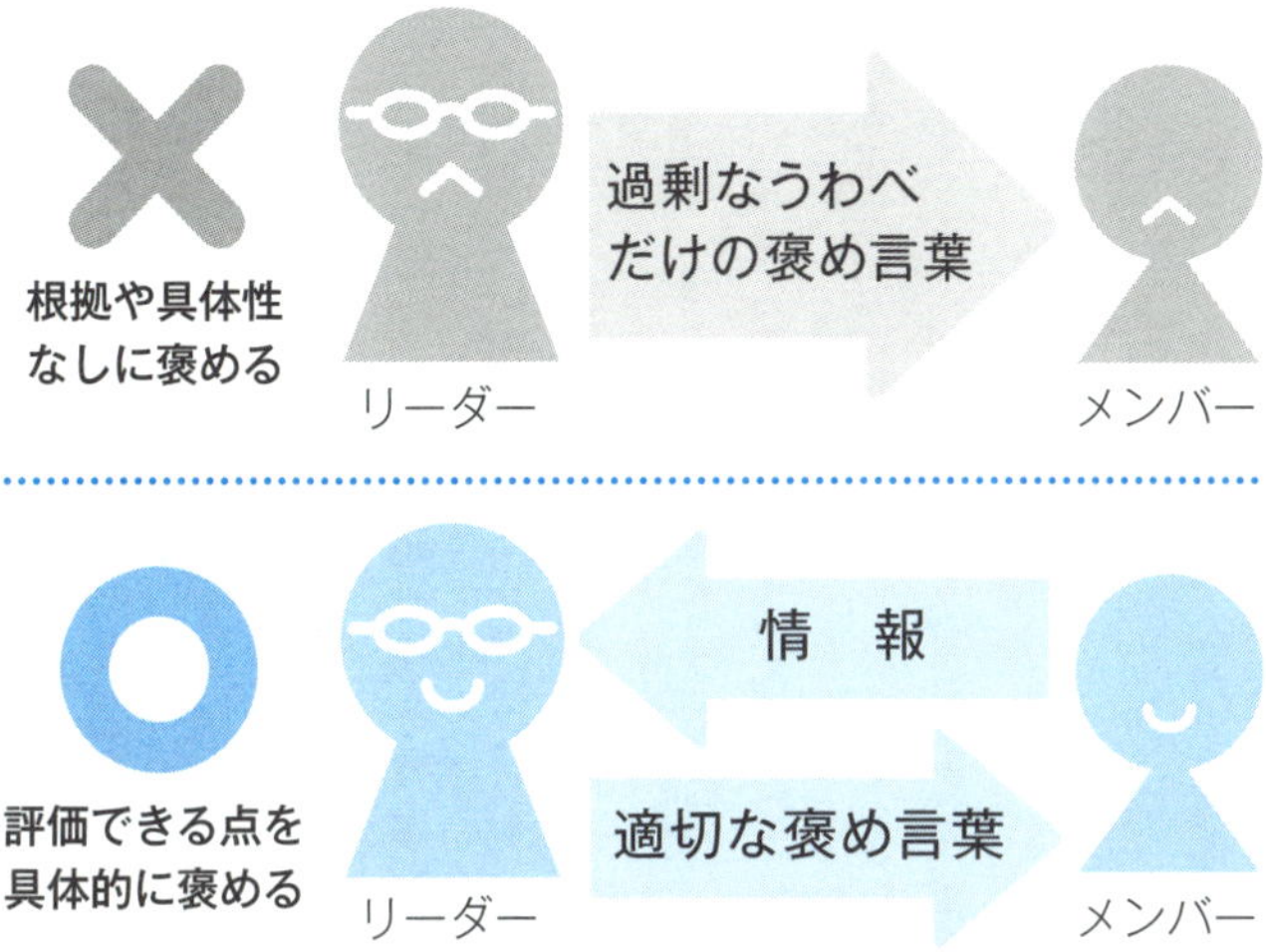
根拠や具体性なしに褒める
リーダー
過剰なうわべだけの褒め言葉
メンバー
評価できる点を具体的に褒める
リーダー
情　報
適切な褒め言葉
メンバー

より効果的な褒め方のコツ

タイミング
- その場で褒める

場　所
- できるだけ上司や他のメンバーのいるところで

内　容
- 評価できる点を具体的に述べる
- 成長している点を褒める、次への期待を込める
- 言葉を飾るよりも、素直な気持ちを伝える

14

育成力2

「弱点の克服」に向け叱咤するコツ

感情的になって怒りをぶつけるのではなく、相手の間違いを正すことが、叱ることの本当の意味だ

◎単純に怒鳴られても禍根を残すだけ

「お前はいつも同じミスをするからダメなんだ」

「もっと気を利かせろと何回言わせたら済むんだ！」

ときつくダメ出しされれば、誰だって落ち込むはずです。私も若かった頃、先輩から提案書の書き方の指導を受ける際に、いつもは間違えない簡単な見積もりでミスを連発したことがあります。

「しまった、同じページの見積もり金額の修正を忘れしてしまった……」

大いに反省しましたが、そのミスを見つけた先輩は「ここぞ」とばかりに厳しく叱りつけてきました。

「なんで同じミスをするんだ。大体、お前は普段から落ち着きがないからこうなるのだ。たるんでいるのか？」

叱り方次第でメンバーは変わる!

○ 適切な叱り方

◎冷静になって論理的に話す
◎攻撃するのではなく教えることが目的。必要に応じて改善案を提示する
◎仕事や事実に関して叱り、人格を攻撃·否定しない
◎必要に応じて、周囲に人のいない別室で叱る
◎相手がきちんと理解できるように話す

その結果 → **納得·反省·奮起**

× 不適切な叱り方

◎感情的になって怒りをぶつける
◎教えることではなく攻撃が目的
◎人格など仕事とは関係ない部分を攻撃·否定する
◎関係ない人の前で叱る
◎相手の理解度は一切考えず、自分の言いたいことを言う

その結果 → **怒り·反発·萎縮**

この叱咤はグサリときました。先輩の意図と反し、前向きに「次から」頑張る気持ちになれない気分が自分の中に蔓延するだけでした。

◎3つのステップを踏んでメンバーを叱る

ミスのついでに仕事と関係ないことまで「含めて」叱られると、反省よりも禍根が残るものです。そうならないよう、メンバーが「次から改めよう」と思えるような叱り方をしたいものです。そのための最善の方法は

①ミスを確認する
②原因を聞く
③「本人が損するから」と叱る

です。このステップを踏むとメンバーが「次から」改める気になる叱り方ができるはずです。例えば、先ほどの怒りを増幅させた叱り方は、次のように変えるといいでしょう。

「おいおい二度目の計算ミスだぞ。なんで起きたと思う？　こんなミスすると自分が損するから二度とするなよ」

ダメと言い切ってしまえば相手は傷つくだけですが、「損する」と指摘されると自分のこととして反省ができるのではないでしょうか？

上手な叱り方の流れ

ステップ1

ミスを確認する

例)「二度目の計算ミスだぞ」

「彼はここを失敗しました」などという、第三者からの情報を鵜呑みにせず、まず本人に事実関係を確認する

ステップ2

原因を聞く

例)「なんで計算ミスをしたと思う？」

表面的なミスを追及しても問題解決にはつながらない。なぜ失敗が起こったのか、根本的な原因を考えさせる

ステップ3

「本人が損するから」と叱る

例)「こんなミスをすると自分が損するよ」

「あなたが憎いのではなく、このままだと将来あなた自身が損をするから間違いを正す」という点を伝える

15

育成力3

「二人三脚」で成長するコツ

☑ お互いに意見をぶつけ合いながら同じ目的地を目指すことで、リーダーとメンバーは一緒に大きく成長できる

◎お互いの力を結集して成長を実現する

リーダーとメンバーは助け合い、足並みをそろえて成長し、信頼関係を深めていくもの。

「先輩のおかげで今の自分があるのです。ありがとうございます」

実際に二人三脚で成果が出ると、メンバーからこんな嬉しい感謝の言葉をもらえる場合もあります。こうなるとリーダーも思わず目頭が熱くなるものです。リーダーは自分の仕事で多忙を極めている場合も少なくないので、メンバーと二人三脚で成長できる機会がなかなかない人もいるかもしれません。けれども、だからこそ少ない機会にお互いの力を結集して成長を実現したいものです。

ちなみに二人三脚で成長したケースといえば、アテネ・北京オリンピックの水泳で金メダルを獲得した北島康介選手と平井伯昌コーチを思い出します。常に行動をともにして、お互いの意見をぶつけ合い、目標のため選手とコーチの役割を全うしたのです。信頼関係

リーダーとメンバーが一緒になって成長する

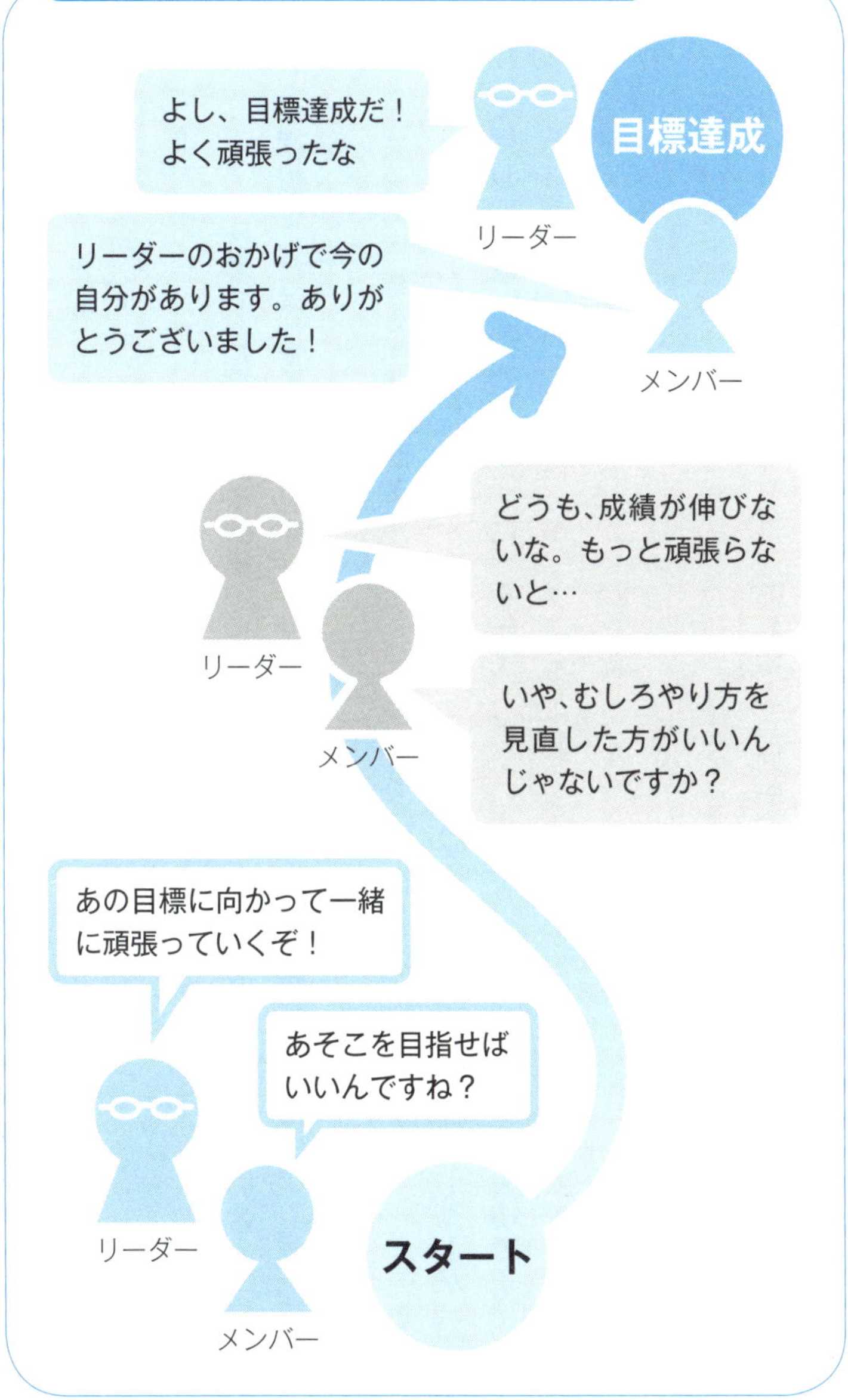
スタート
あの目標に向かって一緒に頑張っていくぞ！
リーダー
あそこを目指せばいいんですね？
メンバー
どうも、成績が伸びないな。もっと頑張らないと…
リーダー
いや、むしろやり方を見直した方がいいんじゃないですか？
メンバー
よし、目標達成だ！よく頑張ったな
リーダー
リーダーのおかげで今の自分があります。ありがとうございました！
メンバー
目標達成

を築いて、しかも成果が出たのはなぜでしょうか？
①目標が一致している
②意見がぶつけ合える
この2つがお互いに約束できていたからではないでしょうか？　ビジネスの世界でも同じです。**仕事で目指す目標を確認できた上で、お互いに忌憚なく意見が言い合えて、最後に決めたことは「やる」。これがリーダーとメンバーがともに成長するコツ**なのです。

◎共通の目標を明確に設定する

さらにこの2つのコツを細かく解説すると、**期待する目標に関して、リーダーが「なってほしい状態」と「いつまでに」を伝え、メンバーとすり合わせることが大切です。**

「私は今年中にお客様の担当ができる営業になって欲しい」

「はい、私も同じような目標がいいと思います」

目標の確認ができると、②の意見のぶつかり合いは意外と平気なものです。お互いの目標は同じですから、キツイ発言も共通の目標を達成するための議論だと思って、ドンドン言い合えるはずです。こうした風通しのよい関係になれれば、成果はかなりの確率で出るのではないでしょうか？

二人三脚で成果を上げるコツ

目標が一致している

同じゴールを目指して走らないと、二人三脚で進めない。その際、次の2つをきちんと設定すること

◎「どうなってほしい」という具体的な姿

「成績を上げる」など漠然としたものではなく、「成績を2倍にする」などの具体性が大切

◎「いつまでに」という具体的な期限

「なるべく早く」「そのうち時間ができたら」という漠然としたものは「目標」にはならない

意見がぶつけ合える

たとえ相手が年下でも、一方的に指示するのではなく、対等に意見を戦わせること。ポイントは3つ

◎感情的にならない

感情的になるのは百害あって一利なし

◎話し合った結果を紙に書き出す

後日言った言わないのケンカにならないようメモしておく

◎譲れる内容と譲れない内容を分けて考える

100%自分の意見を通そうとは思わないこと

16

発想力1

「視点の高さ」で差をつけるコツ

「より広い範囲」と「より長い期間」を意識することで、リーダーにふさわしい視野・視点が得られる

◎広範囲かつ長期的な視野を持つこと

リーダーは他のメンバーと違う視点の高さを要求されます。その理由は、将来を担う仕事を任されたり、意見を求められたりするからです。

「事業をどのように変革するべきだろうか？」

「新商品の開発にアイデアが欲しいのだが」

こうした機会にリーダーは、「さすが」と思わせる視点の高さを要求されるのです。ちなみのこの視点の高さとは、

○将来を見据えたビジョン

○経済の動向を踏まえた戦略

などが備わっていることを意味します。ではこの視点の高さで差をつけるにはどうしたらいいのでしょうか？　そのためには日頃から周囲で起こる出来事を、

「範囲」と「期間」の2つを意識する

範　囲

広い

- 海外の経済動向
- 異業界の景気や流行
- 顧客・消費者全体の満足度向上
- 会社全体の業績アップ
- 業界全体の盛り上がり

↔

狭い

- 国内の経済動向
- 業界の景気や流行
- 自分が担当する顧客へのサービス
- 自分の部署の業績アップ

期　間

長期

- 会社が将来目指すべきビジョン
- 5年後、10年後の経済動向
- 問題点やクレームの根本的解決

↔

短期

- 目の前の売り上げ目標の達成
- 個別のクレームへの対処
- 評判を気にしてのリコール隠し

「自分よりワンランク以上高い役割から見たらどうなるか？」

と考える習慣をつけるといいでしょう。

◎上のポジションに立ったつもりで考える

具体的には、あなたが職場のリーダーとして主任クラスの立場なら、「部長」や「課長」の視点で考えてみることが有効です。例えば営業の主任のあなたが
「商品の価格が一律５％上がった」

と聞けば、自分のお客様の顔を思い出して「どのように説明しようか」と頭を痛め、「困った」で終わりかもしれません。ところが営業課長の視点なら
「同業他社の動向を察知しなければ」

と考えるかもしれませんし、部長になれば、

「原油も上がって、あと１回は値上げをしなければならない。次の原材料の安い新商品を企画しなければ」

と、次期商品の開発まで頭がよぎっていることでしょう。

ここで重要なのは、**視点が高くなると問題意識も次の行動も変わるという点です。視点を上げると、考え方でも行動でも、目先の細かいことが気にならなくなります。**

視点を多く持つことが広い視野につながる

■ひとつの事象を様々な視点からとらえることで、広い視野が得られる

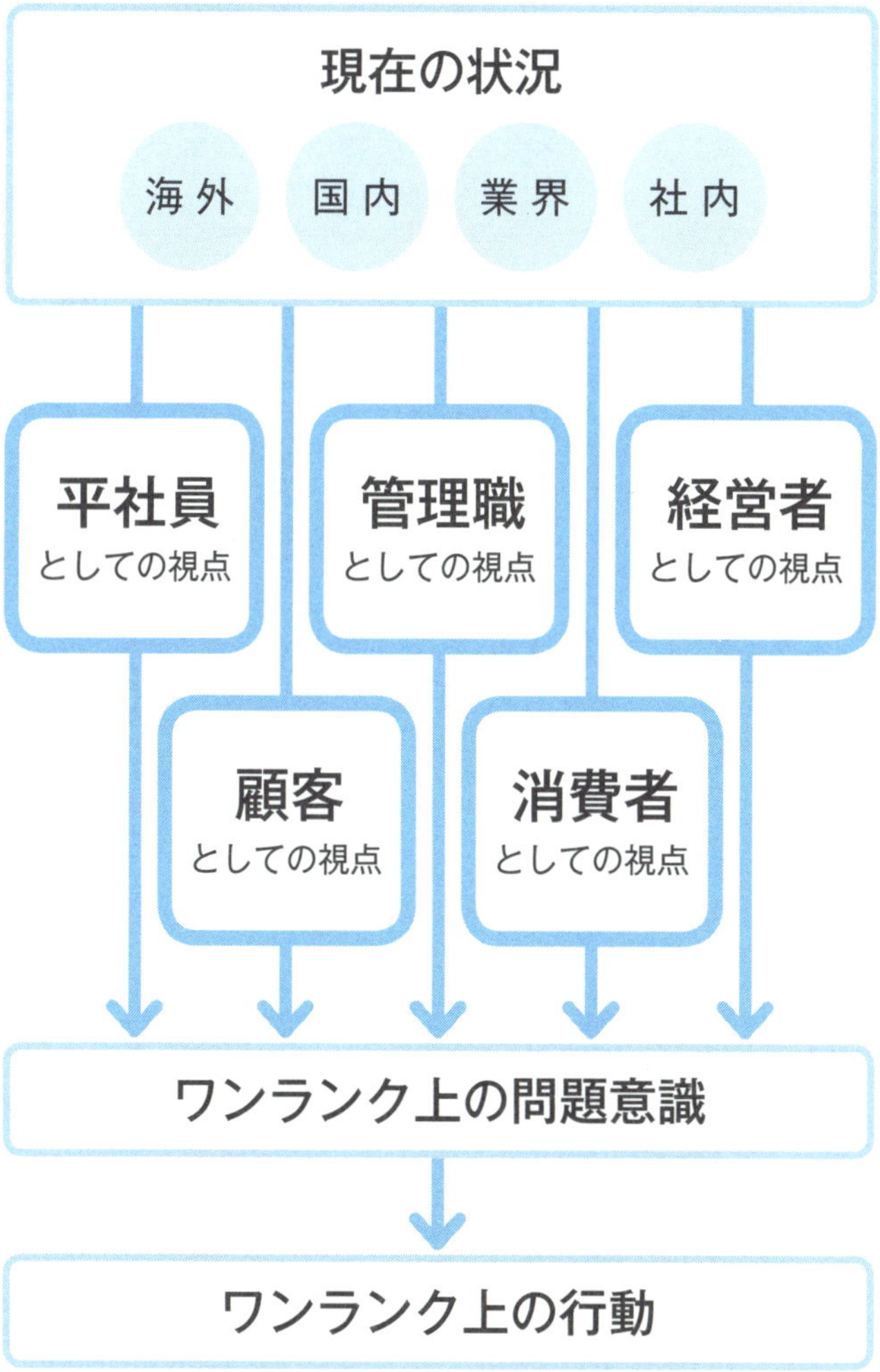
現在の状況
海 外
国 内
業 界
社 内
平社員
としての視点
管理職
としての視点
経営者
としての視点
顧客
としての視点
消費者
としての視点
ワンランク上の問題意識
ワンランク上の行動

17 発想力2

「実現可能」な道筋を示すコツ

「説明」「確認」「検証」のステップを踏むことで、メンバーにより効果的なアドバイスをすることができる

◎「俺のやり方を見て盗め」では不十分

リーダーは現場のメンバーを引っ張る存在です。ですからメンバーから何か相談を受けるときは、具体的なアドバイスを期待されます。

「どうしても仕事がうまくいかない」

と相談を受けたリーダーに期待されるアドバイスとは、どんなものでしょうか？　それは**メンバーがアドバイスを聞いて「なるほど」と思い、具体的に実行に移せる実現可能な道筋**です。

昔は「働く背中を見せる」タイプのリーダーも少なくありませんでした。

「聞きたいことは日頃の行動を見て盗んでくれ」

ということなのですが、それでは最近のメンバーはなかなかついてきません。

中にはヒントだけ教えてあとは考えろ、という職人の親方のようなタイプもいますが、

よいアドバイスと悪いアドバイスの違い

○ 具体的で実現可能な道筋を説明する

リーダー：商品の認知とそのための資料づくりから始めよう

メンバー：やってみます！

× 具体的な言葉で説明しない

リーダー：俺のやり方をマネすればいいよ

メンバー：そう言われてもよくわからないな

× 実現が難しい理想論を振り回す

リーダー：心を込めて説明したら絶対にわかってくれる

メンバー：無理だと思うけど。やる気が出ない…

具体的にイメージできるところまで指し示す方が時代に合っている気がします。

◎アドバイスの後は伝わったか確認を

もしメンバーから相談を受けたら、もったいぶったりはせず、

「私ならこのようにやります」

と、これまでの経験を生かしつつ、自分のなりのやり方をできるだけ具体的にアドバイスしてあげましょう。

「その商談なら、担当者以外のキーマンに会わないと商談が進まない気がするな。私なら上司が挨拶をしたがっていると伝えて、部長に会う段取りをつけるよ」

と、経験を生かしたやり方を伝授するようにしましょう。できることならアドバイスをした後、

「具体的にイメージできた?」

と聞いてみましょう。メンバーがピンときていないようであれば、その原因を聞いて、さらに違う角度から別のアドバイスをすることもできます。「具体的にイメージできた?」の確認を繰り返して、メンバー本人が具体的な道筋が見えるようにやってみるのはいかがでしょうか?

メンバーへのアドバイスはこうすればうまくいく

■アドバイスのコツ

- 早合点せず、最初に状況や課題、問題点を確認する
- もったいぶらない
- できるだけ具体的な考え方や行動を示す
- 机上の空論ではなく、実際の経験を生かして自分なりのやり方を教える
- 1パターンだけでなく、いろいろな角度から説明を試みる

■アドバイスの流れ

「こちらが何を説明したか」ではなく
「相手が何を理解したのか」が大切

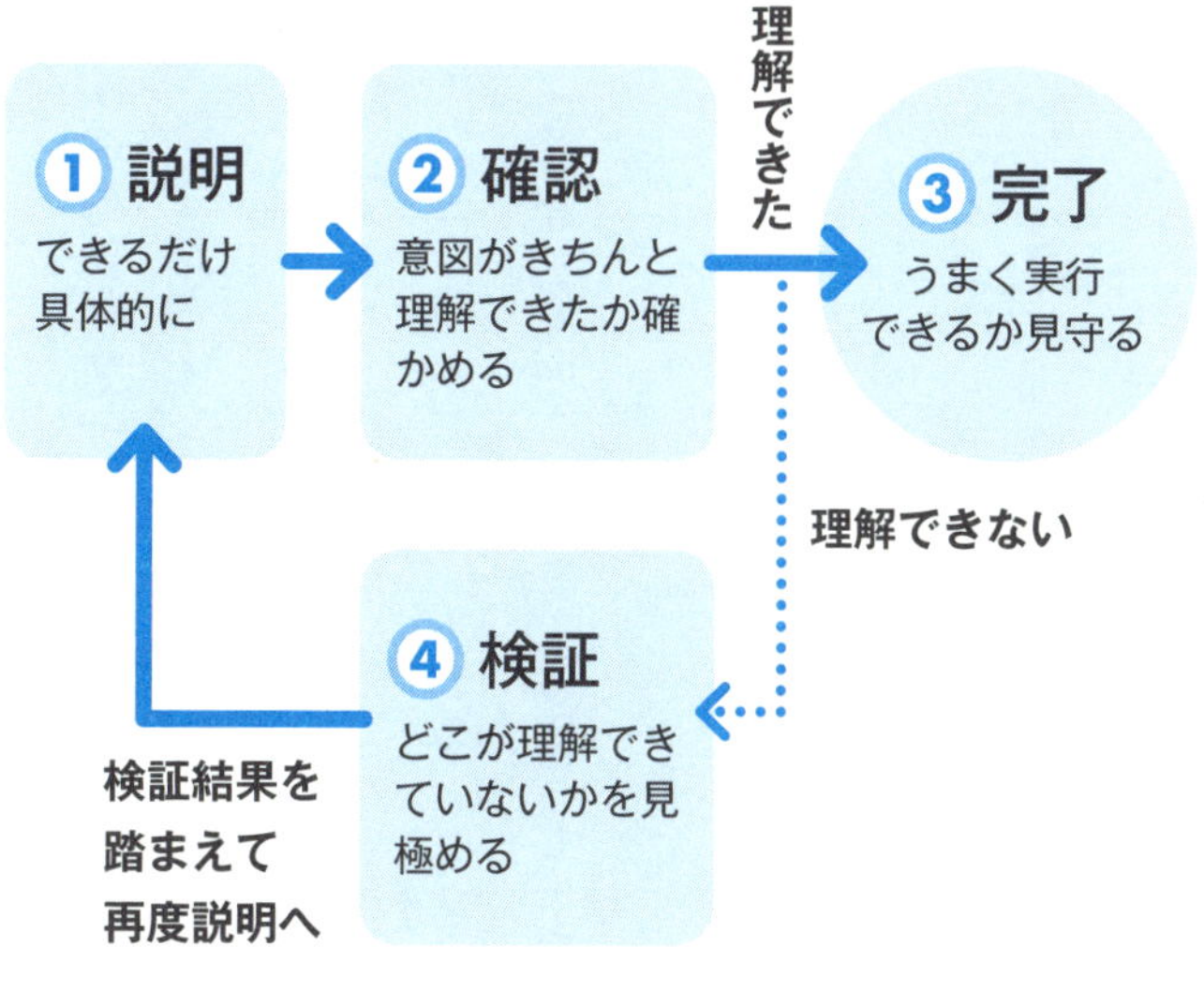
①説明
できるだけ具体的に
②確認
意図がきちんと理解できたか確かめる
理解できた
③完了
うまく実行できるか見守る
理解できない
④検証
どこが理解できていないかを見極める
検証結果を踏まえて再度説明へ

18

発想力3

「器の大きさ」を見せるコツ

どんなにやっかいな場面でも動じず冷静に対処するリーダーの姿に
メンバーは器の大きさを感じ、信頼感を高める

◎メンバーの失敗は、器の大きさを示すチャンス

リーダーは器の大きさも期待されます。この器とはなにかを説明するのは難しいのですが、「あなたに降りかかったマイナス情報に対して許せる範囲」とここでは表現しておきます。具体的には、

「失敗しても責めない」
「損しても怒らない」

こうしたマイナス情報に対して許せる範囲＝器が大きいことをリーダーは期待されています。メンバーの失敗や損な役回りなどと聞けば、「やっかいな」ことと感じるかもしれませんが、ここが見せ場とふんばりたいところです。では、

「メンバーの失言でお客様からお怒りのクレームを受けたとき」
「メンバーのミスでプロジェクトが大幅に遅れたとき」

問題が起きたときにわかる、器の大きさ

	○	×
お客様からクレームが	●やっかいごとを引き受ける ●冷静に原因を突き止め、必要な処理を行う	●クレーム処理を他人に押しつける ●責任逃れをする
担当者の失敗で損失が出た	●原因を解明し、アドバイスをする ●担当者に次のチャンスを与える	●感情的になって、担当者を責める ●フォローしない
メンバーに関して悪い噂が流れた	●事実を確認し、的確に対処する ●士気を落とさないように気を配る	●とにかく噂のもみ消しを図る ●噂を信じてメンバーを責める
顧客から担当者を変えろと不当な圧力が	●自分の責任として対応する ●防波堤となってメンバーを守る	●ひたすら顧客の言いなりになる ●メンバーを責め、担当から降ろす

こんなふうに、「人に迷惑かけるな」と叱りたくなるくらいのマイナス情報が舞い込んだときに、リーダーはどうしたらいいのでしょうか？

◎マイナス情報は最後まで吐き出させる

大切なのは「動じない」姿を見せることです。どんな「やっかいな」出来事も、起きてしまった事実は変えられません。結局は原因を聞いて解決案を考えることになるのですが、リーダーは終始、何事にも慌てない姿を見せることが大切です。

「起きたことはしょうがない」と「まず」言い切ってしまった方が、メンバーも安心します。さらに営業であれば、「また次の仕事で取り返せばいい」と言う場合もあるでしょう。いずれにしても、メンバーがもたらしたマイナス情報を、いったんは広い心で受け止めるのです。さらに、

「何か隠している（言いにくい）ことがあれば、この機会に話してくれないか」

と、マイナス情報がさらにあとから出てこないように吐き出させることも大切です。よくあるのは、メンバーがマイナス情報を小出しにすることです。リーダーや組織がどこまで許してくれるか不安で、すべてを明らかにしないことがあるのです。器の大きさを示してマイナス情報を受け止めれば、「以後」のメンバーとの信頼関係も大きく変わるでしょう。

器の大きさをアピールするには？

外からの風当たりに対し壁になってメンバーを守る

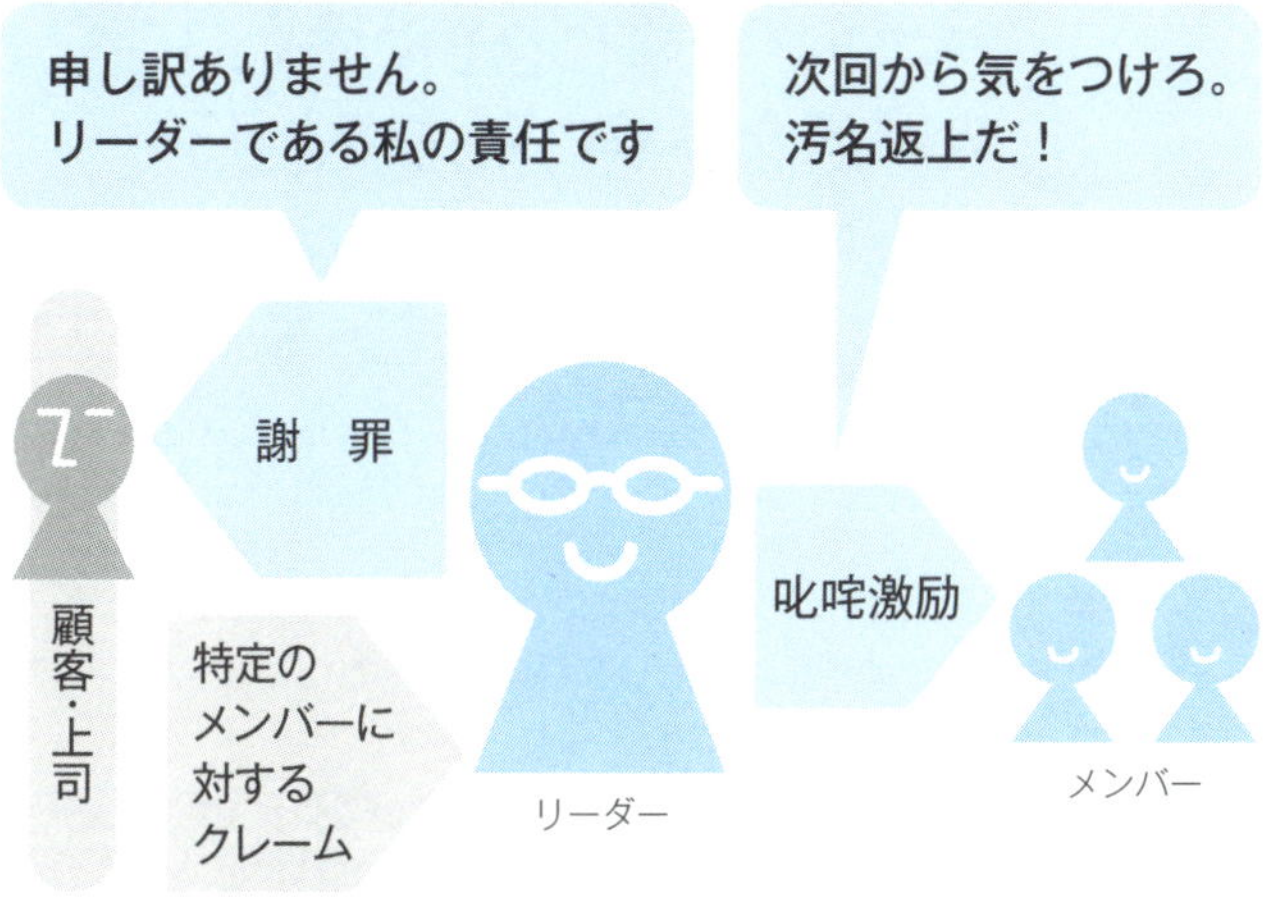
申し訳ありません。
リーダーである私の責任です
次回から気をつけろ。
汚名返上だ！
謝罪
顧客・上司
特定のメンバーに対するクレーム
リーダー
叱咤激励
メンバー

問題から目を背けず、隠れたマイナス情報を聞き出す

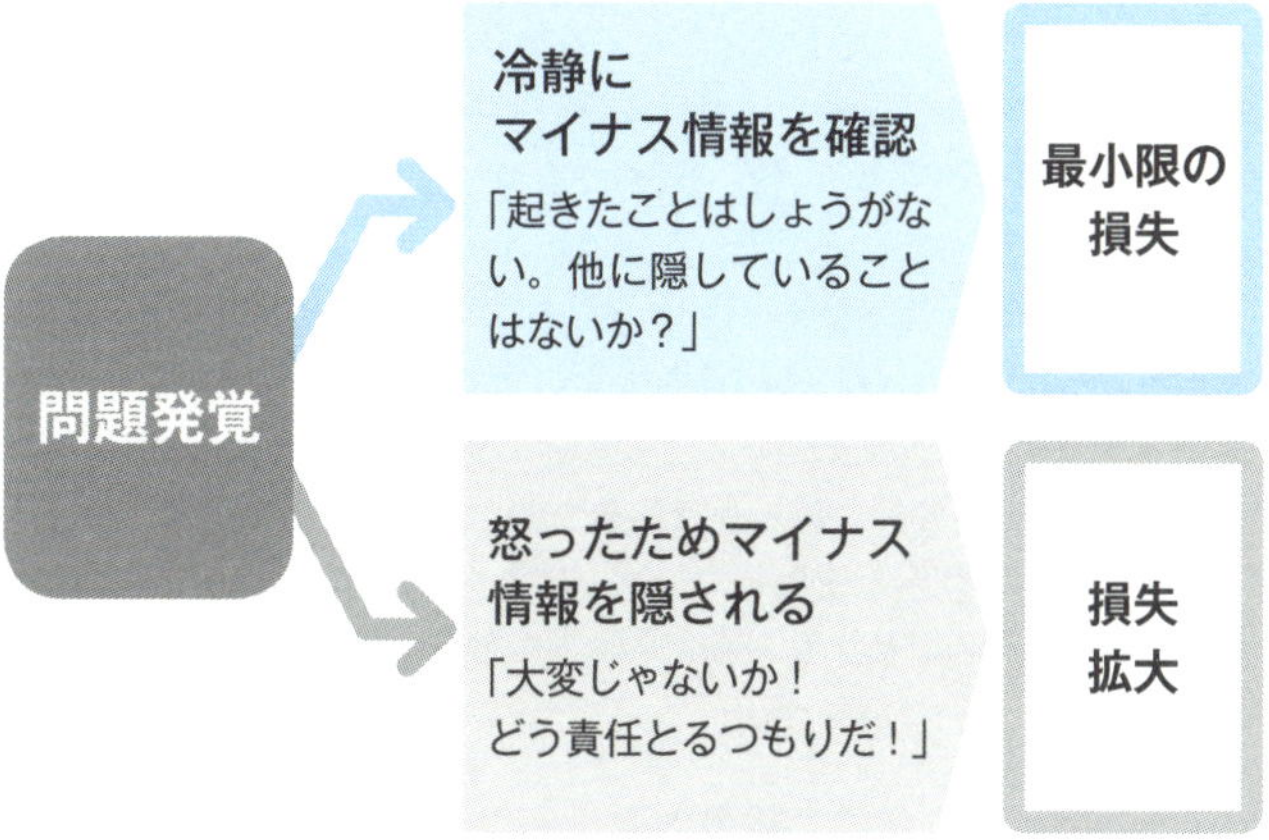
問題発覚
冷静にマイナス情報を確認
「起きたことはしょうがない。他に隠していることはないか？」
最小限の損失
怒ったためマイナス情報を隠される
「大変じゃないか！どう責任とるつもりだ！」
損失拡大

Q 困った! パニック状態になりやすく、突発的な事態に対応できない…

仕事を計画的にコツコツ進めることは得意ですが、突発的な事態が起こると軽いパニック状態になってしまい、きちんと対処できません。リーダーとして緊急時に適切に対処できるか、いつも不安です。

A あなたが心配されているように、リーダーになると、どうしても突発的な仕事が発生してしまいます。それはもうリーダーである以上、致し方のないことです。

突然の仕事に対処できず、パニック状態になってしまうのは、自分に余裕がないからです。それにきちんと対応するためには、普段から「いっぱいいっぱい」にならないよう、仕事をセーブしていなければなりません。いつも自分の能力の100%を出し切って仕事をしていると、突然降ってきた仕事はどうしてもやり切れません。

イメージとしては、常に自分のキャパシティの2割くらいはとっておくといいでしょう。「手抜きなどするわけにはいかない」と考える人もいるかもしれませんが、それは間違いです。突発的な仕事への対処がリーダーの役割である以上、普段からゆとりを持って仕事をすることも、立派な仕事だと考えてください。

もしやるべき仕事が多く、「いっぱいいっぱい」になってしまう時期があるならば、あらかじめ事情を上司に伝えておくことをおすすめします。そうすれば、突発的なことが起きた場合、他の人に仕事の一部を振るなど、上司がしかるべき対応策を考えてくれるはずです。

リーダーの役割だと気負って、すべてを自分で抱え込む必要はありません。パニック状態になる前に、他人の助けを素直に求めることが、リーダーとしての最善策です。

→ **常に2割の力をセーブしながら仕事をしよう**

第5章

打開力&発信力

新しいビジネスの地平を切り開こう！

コツ編

19

打開力1

「難題の克服」を前向きにやるコツ

☑ 困難な仕事ほど、「この仕事で自分はより成長できる」とポジティブシンキングで臨むことで自分もチームも成長できる

◎難題を克服したら、楽しいことが待っている

「大変な仕事を、大変そうな顔をしてやるなら誰にでもできる」と語るリーダーに会ったことがあります。

「では、難題にぶつかったらどうすればいいのですか?」と尋ねたところ、意外な答えが返ってきました。

「明るく笑っちゃうくらいの気持ちもいいのだけど、それより難題を克服したらどんな楽しいことが待っているか考えながら、ぶつかるようにしています」

つまり、難題はいくら考えても難題なのだから、早く片づけて「次」に待っている楽しいことをモチベーションにしようとする発想なのでしょう。

こうしたやり方も1つの方法だと思いますが、私はそこからさらに1歩進め、**難題を解決するプロセスそのものに自分の成長の機会がある**と考えて取り組むようにしています。

前向きな姿勢で仕事をするコツ

難題の解決そのものを喜びにする

難題を乗り越えるプロセス自体を楽しみ、自分の成長の機会を見つける

ケース1　仕事にゲーム感覚を取り入れる

インタビューに苦手意識を持っていたある女性は、「インタビューのとき相手を必ず笑わせる」ことを試み、毎月成績表をつけることに

ケース2　仮想ゲームで新規事業を立ち上げる

新規事業の立ち上げ作業のとき、グループ単位に分かれてそれぞれに会社名をつけ、各グループのリーダーを「社長」と呼んでみた

▲ さらに1歩進んで！

難題を克服した後に楽しいことをつくる

「終わったらビールを飲む」など難題を片付け終わった後に楽しいことを設定してモチベーションを維持

▲

大変な仕事を大変そうに

「大変でも仕事だから」と、ただひたすらに頑張る

◎難解な仕事ほど学べることは多い

例えば上司から手間がかかる数字集計を任されたときに、

「こんな大変な仕事はきつくて嫌だ」

「誰か代わりにやってくれないかな？」

といったネガティブな考え方をするのは避けたいものです。そんなときは、

「この仕事をこなしたらおいしいビール飲もう」

というように、目の前の仕事から気をそらす解決方法も気分が楽になるかもしれません。私はそこからさらに1歩進め、

「この数字集計で学べることは何か？」

「学んだことは何に応用できるか？」

などと考え、集計の間も自分が学んでいる気持ちをなくさないようにしています。

このように発想すると、何事も前向きに取り組む逆転の発想ができるのです。

例えば、この数字集計の場合も「経営分析」や「業績管理」を将来任される機会に役立つと考えれば、前向きな気持ちで仕事に取り組めるのではないでしょうか？

壁にぶつかったり、困難な状況に陥ったりしたときこそ、状況をポジティブにとらえたいものです。

チームで仕事を楽しむための5か条

Point 1

「楽しい」と口にする

意識してあえて「楽しい」と口にすることで、気分を上向きにする

Point 2

周囲の環境を褒める

問題点だけではなく、どんなときでもよい点を見つけ出す目を養う

Point 3

楽しくない日は早めに切り上げる

調子の悪い日は、思い切って仕事を早く切り上げる

Point 4

ネガティブな発言をやめる

ネガティブな発言は、気持ちやものの見方まで後ろ向きにする

Point 5

他人を批判しない

むやみに他人を批判すると、トラブルのもとにしかならない

20

打開力2

「厳しい状況」に一枚岩になるコツ

ゴールに待っているメリットを示すことで、メンバーの心が1つになり、チームワークは強固なものになる

◎将来のビジョンがないと、メンバーは頑張れない

「こんな厳しい時期だから、心を1つにして…」

こんなメッセージが経営者から発信されたのを耳にしたことはありますか？　私は業績不振の企業の朝礼などで、同じような発言を何回も聞いたことがあります。ところが経営者の思いとはうらはらに、「心が1つ＝一枚岩になっている状況」を、ほとんど見たことがありません。その理由は、厳しい状況を乗り越えた後に、メンバー自身にどんなメリットが待っているか、具体的に指し示していないからです。

「厳しい状況を打開しても給料は同じ、仕事も変わらないなら、頑張る社員はいなくて当たり前です。メンバーは会社の思いに共感してその会社を選んだかもしれませんが、長く頑張って働いていくためには思いだけでは不十分。自分自身の将来に見合ったメリットがなければ、当然ながら心も離れていきます。

チームを一枚岩にする3つのポイント

目指すべきビジョンをチーム全員で共有する

- 明確なビジョンを設定し、仕事の場から日常会話まで、事あるごとに口にする
- チームに問題が起こったら隠さずに共有し、みんなで解決に当たる

「このリーダーについていけば得をする」と思わせる

- 適宜メンバーの仕事の範囲を拡大する
- 公平で平等な評価を行う
- 自分のスキルや人脈を惜しげもなく与える
- メンバーの失敗は全力でサポートする

感謝や感動をチームで共有する

- 正直かつ具体的に褒める
- ミーティングや職場など、人のいるところで感謝を伝える
- メンバーの成功を自分のことのように喜ぶ

◎まず、メンバー1人1人にインタビューをする

もしあなたが厳しい状況のリーダーであるなら、まず現場のメンバーの価値観を個別に理解しましょう。

「君は将来どうしたいのだ？　3年後のビジョンを聞かせてくれ」

と直接メンバーにインタビューをするのもいいかもしれません。**「ゴールに待っているもの」を具体的に示すことで、リーダーとメンバーは一枚岩になれるのではないでしょうか？**　メンバーによってそれぞれ価値観は違うでしょうから、

「困難を乗り越えたら、給料は必ず上げると社長も断言している」
「困難を乗り越えたら、新しい事業に投資することを確約する」
「困難を乗り越えたら、新規採用を復活して事業拡大を目指す」

などと、ゴールに待っているメリットをいくつか示せるとさらにいいでしょう。

ちなみに私も、先の見えない厳しい状況を体験したことがあります。所属していた会社、リクルートが、2兆円近い借入金をしていた頃です。経営が「まずは借金返済」を謳うものの、返済後の「次」を示さない時期が長く続いたことがありました。次が見えないままに頑張るのは大変つらいことで、不安を抱えて会社を辞める社員も少なくありませんでした。厳しい状況で一枚岩になるのは難しいと痛感しました。

相手によって異なるビジョンを示す

■価値観の違うメンバーを一枚岩にする2ステップ

ステップ 1	メンバーの話を聞いて それぞれの価値観を理解
ステップ 2	個々に合ったビジョンや ゴールを示す

■メンバーの価値観や目指すものに合った発言を

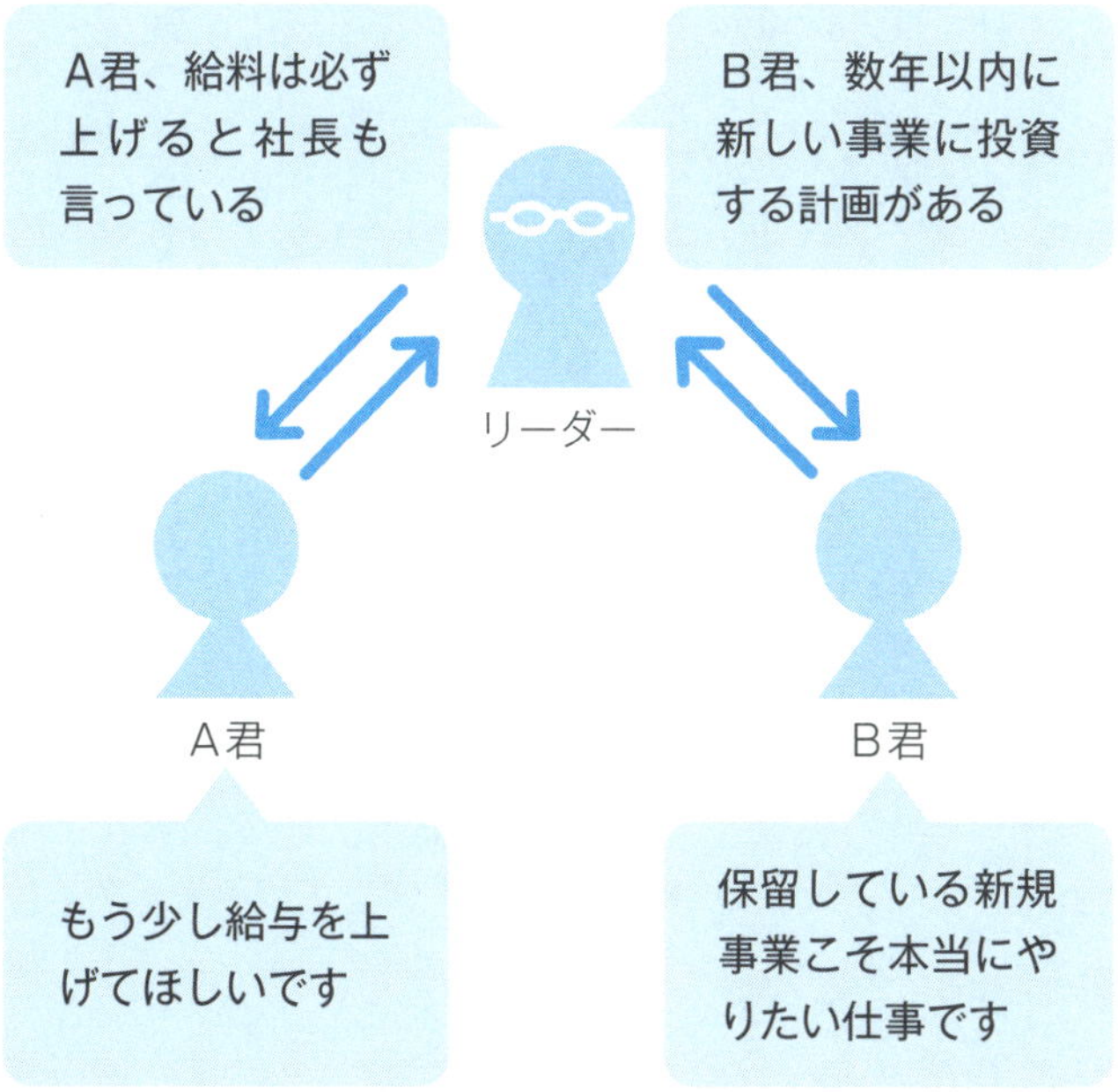
A君、給料は必ず上げると社長も言っている
B君、数年以内に新しい事業に投資する計画がある
リーダー
A君
B君
もう少し給与を上げてほしいです
保留している新規事業こそ本当にやりたい仕事です

21

打開力3

「万事休す」からでも逆転するコツ

チームが追い詰められた場面こそリーダーの出番。
原点に戻って解決策を見つけ出そう

◎追い詰められたときは原点に戻って考える

長く仕事をしていれば、どんな手を打っても状況が好転しない、「万事休す」の状態にぶつかることが何回もあります。

「営業最終日に売り上げ目標額がだいぶ残っている」
「いくら考えても解決策が出ないトラブルに遭遇」

こんなときには、最後の最後まで諦めず、打開策を考えるのが一般的なやり方かもしれません。けれどもその一方で、ここまで追い詰められたら別の発想に転換する、というのも1つの手です。そのやり方は、ズバリ「原点に戻る」です。

○はじめからやり直してみる
○当初の気持ちに立ち返る

その上で**「今やるべきこと」を考えて、やるべきことがあれば実行し、やるべきことが**

原点に戻り、問題解決の糸口を見つける

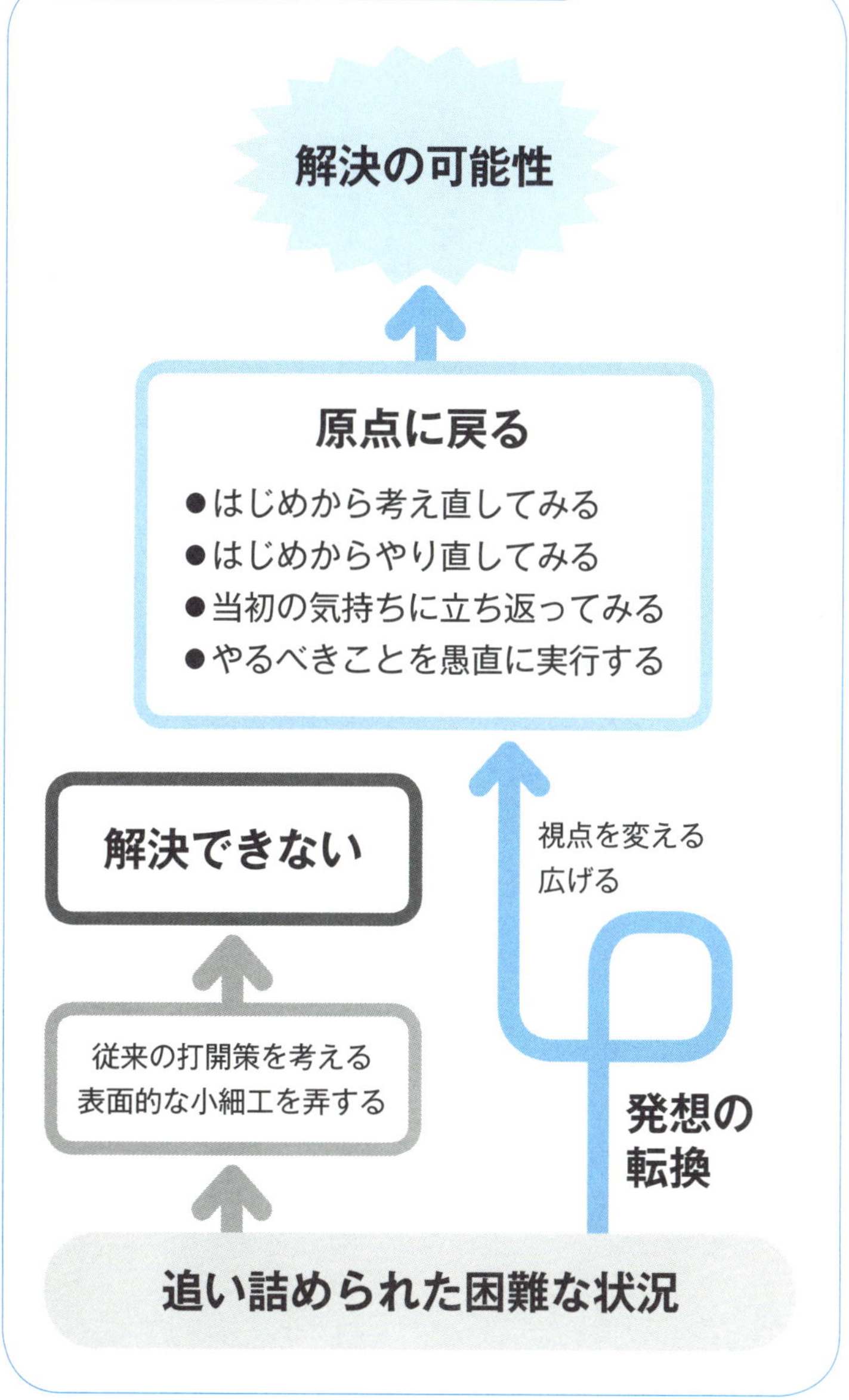
解決の可能性
原点に戻る
●はじめから考え直してみる
●はじめからやり直してみる
●当初の気持ちに立ち返ってみる
●やるべきことを愚直に実行する
解決できない
視点を変える
広げる
従来の打開策を考える
表面的な小細工を弄する
発想の
転換
追い詰められた困難な状況

見当たらなければ「諦める」でいいのです。下手に小細工するより周囲からは潔くて美しく見えるはずです。

◎悪あがきが事態をより悪化させることも

私は、この「万事休す」の事態に、逆転の〝隠し技〟を使って後悔したことがあります。月末の最終日に売り上げの数字が1000万円ほど足りなかった、ある夏の日のことです。

私は職場のリーダーとしてなんとしても目先の業績を達成しようと、来月に契約予定のお客様に、無理やり契約時期を早めていただけるようお願いしました。

「突然に納品予定日を1か月も前倒しにするなんて無理だよ」

と言い切るお客様でしたが、「頭を下げて」無理を聞いていただくことになりました。すると、無理な納品スケジュールによりトラブルが続出し、長年の信頼を失ってしまったのです。仕事は翌月も続くのですから、むだにあがくよりも、諦める勇気こそが、次につなげる成果として大きい場合だってあるのです。

潔く諦めたら幸運の神様が救ってくれた、ということはよくあるものです。次の「万事休す」の際、あがくのをやめて、翌月の仕事に気持ちを切り替えたときのこと。突然、会社の電話が鳴り、昔のお客様から発注の連絡がありました。潔さは幸運も導くようです。

「壁打ち」をして解決案を見つけ出す

万策尽きたとき、外部の人に問題をぶつけると思わぬ打開策の返ってくることが。この作業を「壁打ち」という

壁 TVプロデューサー

新製品の文具が性能はいいのに売れないんだけど、どう思う？

文具のよし悪しはわからないけど、ネーミングセンスがないよ

壁 洋服販売員

新製品の文具が性能はいいのに売れないんだけど、どう思う？

この色って、服に合わせにくいから持ち歩きたくないな

壁 家電メーカー社員

新製品の文具が性能はいいのに売れないんだけど、どう思う？

え、こんなんだったらもっと小さくできるよ。工場紹介しようか？

22

発信力1

「自分の言葉」で何事も語るコツ

責任逃れの言い訳や人の悪口・愚痴は絶対にやめよう。メンバーのやる気が失われるだけで誰もついてはこない

◎上層部の「伝書鳩」には誰もついてこない

リーダーは、職場で起こった出来事は何事も自分の言葉で語れるようになりましょう。

決して「人ごと」「伝言だけ」の存在になってはいけません。特に、その語るテーマがメンバーにとって理不尽なことであればなおさらです。例えばあなたの会社で自分の部門が縮小され、隣の部門と統合されることになったとします。そして課長から話を聞いたメンバーが「どういうことですか?」と不満をリーダーのあなたにぶつけてきたとしましょう。

「会社の方針だから仕方ないことだよ」

こんな言葉を言ったらリーダーは失格です。これほどメンバーのやる気を下げる言葉はありません。ただ、仕事をしていれば、会社の方針で様々な理不尽な方針が現場に「指示される」ことがあります。

「売り上げ目標を上げることになった」

上司にもメンバーにも、自分の言葉で話す

メンバーと話すときは上司の立場を、上司と話すときはメンバーの立場を意識して話す

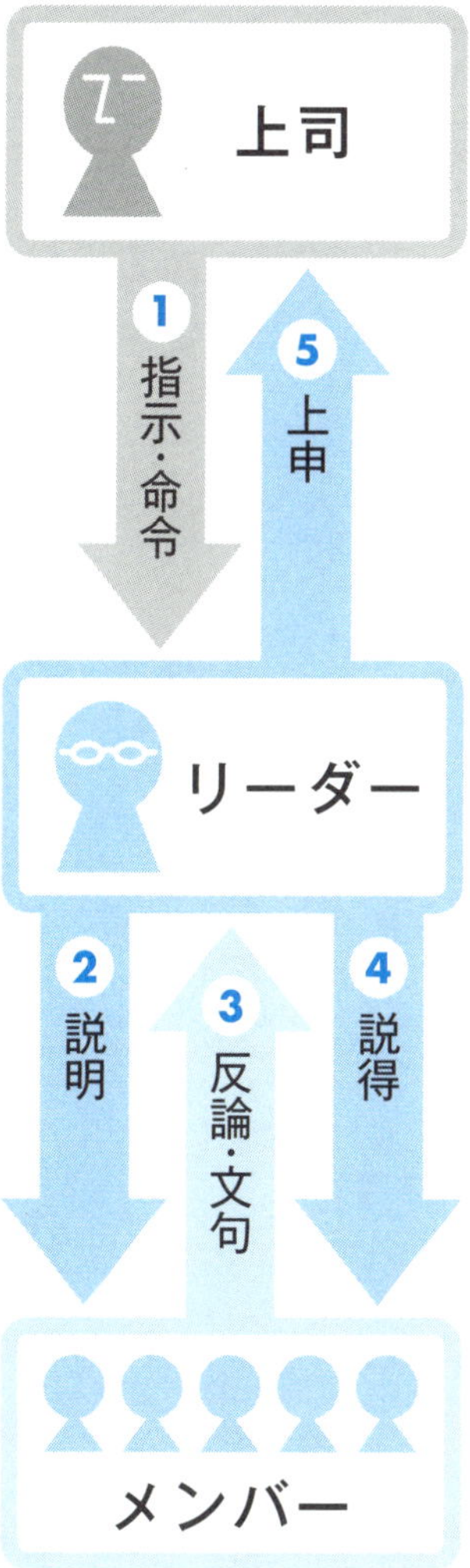
上司
1 指示・命令
5 上申
リーダー
2 説明
3 反論・文句
4 説得
メンバー

1 上司からの指示・命令

納得のいかない命令なら、理由を聞き、反論する

2 メンバーへの説明

上からの指示とその理由を自分の言葉で告げる。上司の悪口は言わない

3 メンバーの反論・文句

メンバーからの反論、文句、意見はしっかりと受け止める

4 メンバーを説得

メンバーが納得いくまで説得する

5 上司への上申

メンバーの声をまとめ、自分の意見として上司に報告

「急に事業から撤退することになった」

「なんで？」という疑問、不満を、最前線でメンバーと共有すべき存在がリーダーです。

◎メンバーと一緒に愚痴をこぼしてはいけない

リーダーにはこうした難しい問題に限らず、会社の方針・戦略を「伝える」機会がたくさんあります。そうした際に大切なのは、何事も自分の言葉で語ることです。例えば「会社の方針が大きく変わった。そのことに疑問を感じた点はあったが、改めて考えてみるとチャンスではないかと思っている。お互いにとって新しいことにチャレンジできるのだから頑張ってみないか？」

リーダーもメンバーと同じように、経営の方針であれば聞く立場にあるにすぎません。時には不満や納得できないこともあることでしょう。しかし、もしもリーダーが会社の方針に関して何かを「語る」機会があるならば、

①事実を受け止める度量を持つ
②疑問に感じたことは隠さない
③前向きに転換して伝える

この3つを大事にして誠実に語ることです。

リーダー失格の「NGワード集」

「上はバカだから、
何もわかってないんだ」

「今さら中止だって？
信じられないよな。
どうしてくれるんだよ
（以下、愚痴が続く）」

「そんなことは
言われなくても
わかっている」

「下っ端は言うことを
聞いてればいいんだ」

「決まったことに
うだうだ言っても
しょうがないだろ」

「私は最善を尽くした」

「どうせそんなに重要な
プロジェクトじゃ
なかったしな」

「まったく、
やってらんない
よなあ」

「会社の方針だから
仕方ないな」

「もう決定事項だから。
以上」

（説明を求められて）
「部長が言うには
○○○○ってことだ。
俺に聞くなよ」

23

発信力2

「信頼を高める」ブレない発言のコツ

自分が一度口にしたことはメモしてでも覚えておき、発言をコロコロ変えないようにしよう

◎言うことがコロコロ変わるリーダーは信頼されない

リーダーは発言に「ブレ」があってはいけません。方針は一貫していてほしいものです。

○相手によって発言がすぐ変わる

○昨日と言っていることが変わる

こんなことがあったら信頼は台無しです。**メンバーは思いのほか、リーダーの発言を覚えているのです。**まずは自分の発言に責任を持つために、

「自分の言ったことを忘れない」

ようにしてください。そして発言がどのように「伝わっているか」に、責任を持つようにしてください。

「自分はそんな意図で話した覚えはない」

といった言い訳は、政治の世界でも耳にする話ですが、結局は相手に誤解されて伝わっ

発言に一貫性がないリーダーはダメ

上司やメンバー、取引先など、相手によって発言が変わる

時間が経つにつれ、言うことがどんどん変わる

※自分では無自覚なケースも多い

明確なビジョンがなく、話に一貫性がない

リーダー

それを聞いてメンバーは?

方向性を見失う

メンバー

言ってることがコロコロ変わるから、結局どこを目指せばいいのかわからない

信頼関係が崩れる

メンバー

彼の言うことは当てにならない。話を聞かなくても同じだな

モチベーションの低下

メンバー

せっかく前に言ったことをもとに進めてたのに……。　もうやる気なくなったよ

た「言い方」に問題があると思ったほうがいいでしょう。

◎自分の発言を書き留めておく

そこで発言がコロコロ変わらないよう、あるいは誤解される発言をしないように覚えておきたいコツを1つ紹介しましょう。それは「メモをとる」ことです。

「メモをとること」は、大事なことを忘れないように書き留めておく行為と思われがちですが、自らの発言に関しても忘れないように書き留めておくことをおすすめします。

リーダーは、様々な状況で発言する機会があります。アドリブで何かを語らないといけない場合もたくさんあります。その際に**一番気をつけないといけないのが、価値観や判断基準がブレる発言をしないようにすることです。**仮にあなたが何かの機会に、「会社は売り上げが一番大事」「会社はお客様の満足が一番大事」と、相反する2つの発言をしたとします。聞いていたメンバーは、あなたの考えが「ブレている」と感じ、あなたに不信感を覚えることでしょう。リーダーの発言は周囲に影響をきたすと肝に銘じ、1度発言した内容を忘れないでください。

時には、過去と違った価値観や判断基準に基づいた発言をせざるを得ないこともあるでしょう。そんな際には率直に「考え方が変わった」と切り出せばいいのです。

ブレのないリーダーになろう

発言がブレないためには？

1 自分が言ったことを忘れない

2 自分なりの価値観・判断基準をしっかり持つ

POINT

自分の価値観・判断基準をしっかり持った上で発言すれば、言うことが大きく変わることはない。そのためには、

◎なんのために仕事をしているのか
◎仕事をする上で、何を最優先にするか
◎チームのビジョン

といったことを、しっかりと考えておく

自分の発言を忘れないコツは…

1 メモをとる
自分の発言内容を、その都度手帳やパソコンなどに記録

2 1日の最後に思い返す
再度思い返すことで、長期保存する記憶として定着する

24

発信力3

「チームを束ねる」ビジョンを語るコツ

「個別の成長」や「社会への貢献」が感じられるビジョンを示すことで、メンバーの心をつかむことができる

◎価値観の違うメンバーに1つの方向性を見せる

リーダーは職場のメンバーを牽引することを期待されています。チームとして一体感を持って仕事に向かうために、「目指す方向」を同じにする役割を担うわけです。

けれども、職場で一体感を持つのは意外と難しいことです。職場のメンバーも、「本当は」価値観の違う人ばかりです。学生時代のクラブやサークルのように「思いを1つに」とはいかないものです。日頃は目先の仕事に追われている同士ですし、職場で働く価値観の大きく違う人もいるでしょう。

ただ、メンバー全員ですべての価値観を1つにしなければならないわけではありません。**リーダーがメンバーを束ねるときに大切なのは、仕事を通じて成果を導き出すために必要な「方向性＝ビジョン」。**この部分で一体感が出ればいいので、プライベートなことに関する価値観はバラバラでもかまいません。

ビジョンを示し、バラバラのチーム力を1つに

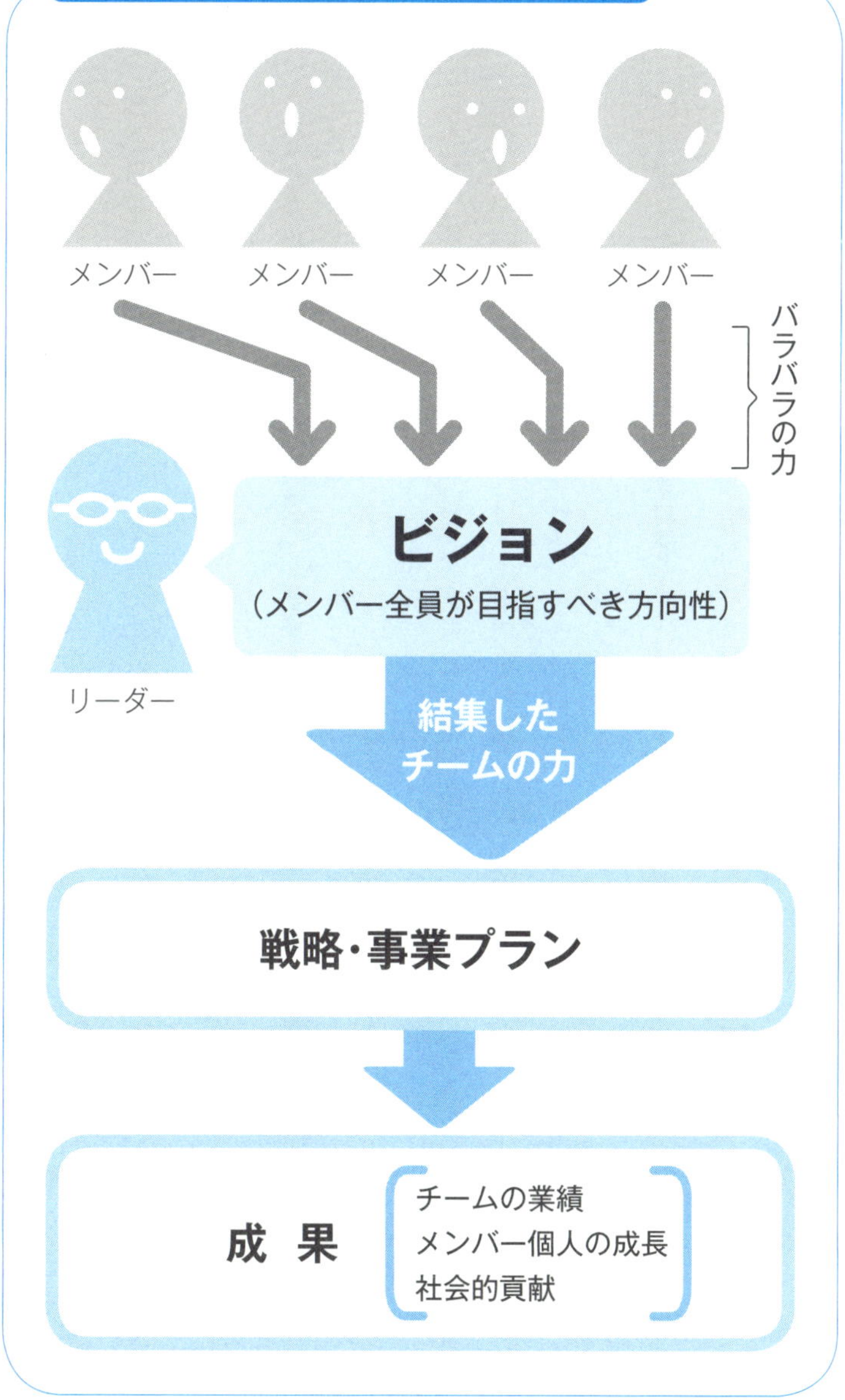

◎チームのビジョンは繰り返し伝える

リーダーはビジョンを繰り返し語ることで、メンバーが理解して、腹におち、実行するところまで持っていきます。そのためには、**チームの目指すビジョンは業績だけでなく、**

①メンバー個別の成長

②社会への貢献

などが感じられる言葉に落とし込まれていることが大切です。

「今年の目標はチームで売り上げ年間1億円」

というよりも、

「今年は個人の提案力を上げてお客様との信頼関係を高めることが大事。それができれば結果はついてくる。売り上げで1億円を目指そう」

と語られた方がやる気も高まって一体感も出ることでしょう。

さらに大切なのは、リーダーがこのビジョンを繰り返すことです。自分でも飽きるくらいに繰り返してください。可能であればカードにしてメンバーに渡す、メールのテンプレートに入れるくらいの「しつこさ」があってもいいのではないでしょうか？

ビジョンとは、伝える方が「もういいだろう」と思うくらいに繰り返して、「やっと」メンバーの頭に、「少しだけ」すり込まれるものです。

よいビジョンをつくる要素

チームの業績

「売り上げ、シェア」「新製品開発」「顧客満足度の向上」など、仕事におけるチームとして目指すべき業績を

メンバーそれぞれの成長・目標

「提案力を上げて顧客の信頼を得る」「自社製品で世界の暮らしを便利に」など、個人の成長や夢につながっている目標を

社会への貢献

自分たちの周りだけのメリットではなく、社会への貢献という視点があると、仕事の大きなモチベーションとなる

＋

実現性

いくら高い志を持っていても、実現不可能では意味がない。現場・現実の状況をきちんと踏まえてビジョンを示すこと

Q 困った! 年上のメンバーがいて、非常にやりにくいです…

年上で仕事のキャリアも自分より長いメンバーがいて、非常にやりにくいです。向こうにしてみればこっちは年下。指示されるのも納得いかないだろうと気を使います。年上のメンバーにはどう接したらいいですか?

A リーダーとは、偉い人のことではありません。まずそこを勘違いしないようにしてください。

また「年上のメンバーは偉いもの」という感覚を持っている人は、逆に、自分の年下に対して偉そうな態度で接しているのではないでしょうか。これではメンバーとの信頼関係はつくれません。

リーダーは、相手が偉い人か、立場の弱い人かで態度を変えないことが大切です。そうした姿勢を伝える方法として、年下や後輩のメンバーに対して、敬語で話してみてはどうでしょう。

年下には「明日までにこの仕事やっといて」と言いながら、年上に対しては「この仕事は来週までにやってもらえますか?」と使い分けるから、人間関係が複雑になるのです。誰に対しても「やってくれますか?」と同じ態度で接すれば、メンバーの年齢は問題になりません。

さらに効果的なのが、メンバーを"お客さん"と思うことです。

飲食店で働いていて、お客さんに言われるなら笑って聞き流せるイヤな文句でも、メンバーに言われると頭にくるのはなぜでしょう?それはあなたがメンバーを身内と思っているからです。甘えがあなたをわがままにするのです。

メンバーを「自分と一緒に仕事をしている"お客さん"」だと思えば、何か仕事を頼むときでも、自然に「やってもらえますか?」と謙虚な言い回しになるのではないでしょうか。

→ **相手を年齢や地位で判断しない。メンバーはみんな平等!**

第6章

牽引力&包容力

大切なメンバーを守り、育てよう！

コツ編

25

牽引力1

「率先垂範」で周囲を引っ張るコツ

自ら進んで行動することで手本を示し、模範を見せれば、おのずとメンバーはついてくるはず

◎自分の経験をメンバーと共有しよう

リーダーが自らの行動でチームを引っ張る際に大切なのは、メンバーに手の内を明かしながら仕事を実行することです。**現場の前線で活躍する先輩として経験を積んで覚えた仕事のやり方を開示することこそが、メンバーにとってかけがえのない手本となります。**

若いメンバーは、先輩であるリーダーがテキパキとこなす仕事ぶりを見て、「さすが」「すごい」と思いますが、どうしたら自分にもできるかは見えてこないものです。私も新入社員時代にオフィスで先輩の仕事ぶりを見ていましたが、なかなか質問まではできず、

「何を聞いたらいいかわからない」

という状態でした。電話のかけ方から見積書の書き方まで研修では習ったものの、実践となるとわからないことだらけです。おまけに先輩は皆、忙しそうに飛び回っていて、

「こんな簡単なこと聞いてもいいのか？」

仕事の教え方にもいろいろな方法がある

メンバーに仕事を教える2つのパターン

◎率先垂範型
自分の仕事している姿を手本として見せる

◎牽引型
積極的に声をかけ、直接メンバーに教える

質問されやすいリーダーになるには

1 質問しやすい雰囲気をつくる
常に忙しそうにしていたり、イライラしたりしている姿を見せない

2 自分から声をかける
世間話などすれば、メンバーから質問をするチャンスができる

3 親近感を感じるジェスチャー
「うなずく」「身を乗り出す」などで、相手は話しやすくなる

4 話しやすい会話
「俺も昔はできなかったんだよ(共感)」や「それは上出来だな(承認)」といったコメントを挟む

5 こちらから質問する
会話内容に合わせて適切な質問を投げかければ、話がスムーズに進む

と思える雰囲気なのです。メンバーはリーダーや先輩に対し、「聞けない」「聞いてはいけないかも……」と思ってしまいがちなのです。特にリーダーとなると「聞けない」「聞いてはい

「なんでも聞いてくれ」

と言われたとしても、なかなか聞きづらいものです。ですから自ら

「おい、この作業を効率的にする方法をやってみるから、見てごらん」

などと手の内を見せることで、メンバーは他のことも聞けるチャンスができるのです。

◎手取り足取りは逆によくない

リーダーがメンバーの育成で担うべき役割は、結果を出させてあげることではありません。試行錯誤しているときに正しい方向に導いてあげる「きっかけ」をつくることが大切です。逆に言えば、**きちんと結果を出すためと、手取り足取りのサポートをするのは避けた方がいいでしょう。**それではメンバーが成功体験を実感できないからです。

見せた手の内は参考にならなくてもいいのです。そしてできれば

「他に何か聞きたいことあるか？　なんでもいいぞ」

と言ってあげましょう。時間をとって待っていると、メンバーから聞きたいことがたくさん出てくることは間違いないでしょう。

自分の頭と体で考えさせる

マニュアル型と試行錯誤型の違い

× **マニュアル型**

細かい部分まで手取り足取り説明。「?」を説明しないので、忘れやすいし応用が利かない

○ **試行錯誤型**

重要なポイントのみ解説し、あとは自分で考えさせる。最初苦労するが、一度覚えると忘れにくく応用も利く

試行錯誤型のメンバーの育て方

第1段階
仕事内容を説明
「どんな仕事なのか」「なぜそれが必要なのか」を説明

↓

第2段階
手本を見せる
実際に仕事をしている姿を見せる

↗

第3段階
自分でやらせる
最初はうまくいかなくても、自分で考えさせる

↓

第4段階
フォロー
手を貸しすぎないよう要所要所で必要最小限にサポート

26

牽引力2

メンバーが一度決めた決意・目標を断念しないようにするには、厳しい言葉ばかりでなく励ますことが必要

「折れない」ように励ますコツ

◎決意が折れることは珍しくない

人は仕事でやるべきことを「決意」しても簡単に揺らぎます。そうです、本当に「あっさり」と断念したり、中止したりします。


「絶対に決めた目標はやり抜きます」

「今年は同期で一番いい仕事をやります」

などと熱い決意でスタートした取り組みでも、折れて「言い訳」ばかり言い出すのです。


意志の固い人からすれば「無責任」に見えるでしょうが、比率でいえば「折れる派」の方が多いのです。ちなみに「折れる派」の人の決意の行方は意外なほどに周囲はお見通しで、

「やっぱりあいつは出来なかった」

と冷たい視線を送っています。そんなお見通しの決意をしてしまうメンバーが多いのはなぜでしょうか？

リーダーは「折れた人」に正しく接する

なぜ人は「仕事の決意」が折れるのか？

Case 1 自信がなく、「失敗するかも」「目標に到達できないかも」と不安になる

Case 2 目標達成することのメリットを感じられなくなる（忘れてしまう）

Case 3 最初から深く考えておらず、気軽に決意を口にしていただけ

決意が折れた人を責めても効果は薄い

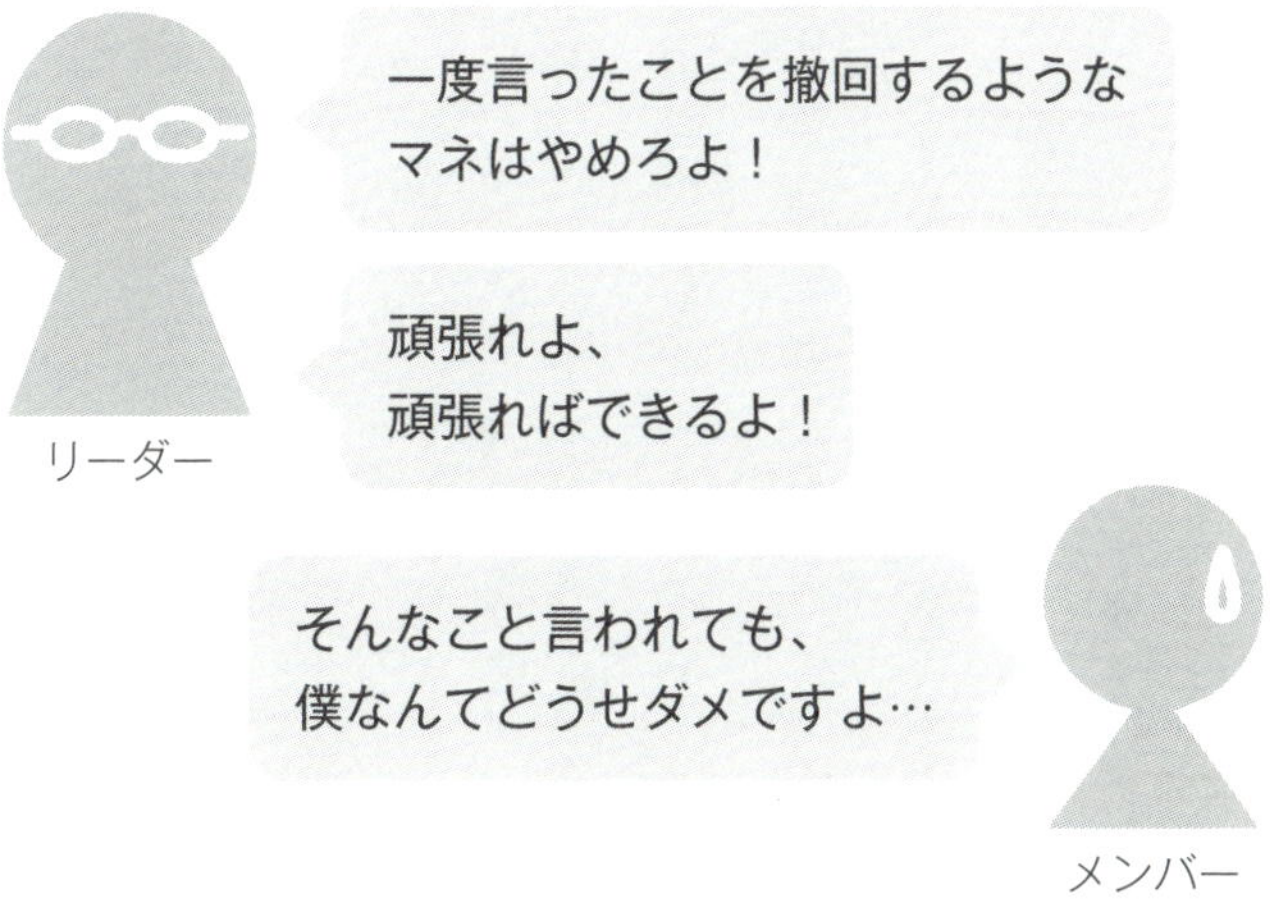
一度言ったことを撤回するようなマネはやめろよ！
頑張れよ、頑張ればできるよ！
リーダー
そんなこと言われても、僕なんてどうせダメですよ…
メンバー

◎折れたメンバーは、叱るのではなく応援するスタンスで

まず簡単に「折れる」のは、

○深く考えない決意だった

○逆境に弱い、経験が浅い

からです。要は覚悟が弱いのです。しかしそこで、

「おい、一度言ったことを撤回するようなマネはやめろよ」

などと厳しく接すると、「頑張る」方向になればいいのですが、残念ながらメンバーは折れてしまいます。覚悟が弱いのですから、単にマイナス方向に背中を押すだけです。

リーダーは別の方法で励まさなければなりません。具体的には

①ゴールにニンジンをつるす

「やり切れば周りの見方が変わるぞ」「きっといい評価につながるはずだ」

②プライドが生まれるように期待をかける

「君ならやれると確信している」「みんな頼りにしているよ」

と、メンバーの側に立った応援団のスタンスで声をかけましょう。**リーダーはメンバーに上から目線で指示する役ではありません。**身近な伴走者のような立場で振る舞い、その気にさせるのです。

折れた人を、どう復活させるか

叱るよりどう励ますかがポイント

◎ゴールにニンジンをつるす
「やり切れば周りの見方が変わる」など、メリットを示す

◎プライドが生まれるように期待をかける
「君ならできるとみんな信じている」など、モチベーションにつなげる

叱る必要があるときは、ここに気をつける

結果だけを見て叱らない	頭ごなしはダメ。冷静に原因を分析し、次の行動の仕方を説明する
個人的な感情を交えない	感情を排除し、同じ失敗を繰り返さないよう指導する意識を持つ
大きな声で怒鳴らない	メンバーを萎縮させるだけで、指導という点からすれば逆効果に
できるだけ人前では叱らない	やる気が低下したり、「恥をかかされた」と逆ギレされたりすることも
最後は「期待している」で締める	「君に期待しているから本気で叱った」など、フォローする

27

牽引力3

「当事者意識」が出る巻き込みのコツ

チームのメンバー1人1人が「自分がやるべき自分の仕事」という当事者意識を持つようにお膳立てする

◎「やらされている」ではなく「自分がやらねば」と思わせる

自分の意思に反して一方的に振られる「やらされ感」のある仕事は、誰でも嫌なものです。けれども職場で与えられる大抵の仕事には、その「やらされ感」があるもの。その理由は？　明確な役割や期待値が感じられないままに、上司から指示されるからです。

「とにかく明日までに企画書にまとめるように」

と一方的に言われて「よしやるぞ」と意気に感じるお人よしなんてそうそういません。

あなたがリーダーであれば、チームメンバーを巻き込んで仕事をすることは頻繁にあるでしょうが、果たしてやらされ感のある状態に陥らせていないでしょうか？

やらされ感のないように仕事に巻き込むコツは、メンバーに当事者意識を持たせることです。つまり「やらされている」ではなく、「この仕事は自分がやらねば」と思わせるお膳立てをするのです。

当事者意識のある人と、ない人の意識の差

当事者意識がある人の頭の中

このままだと目標に届かない。絶対になんとかしないと

会社にとって大きな損失が出るから、必ず成功させないと

来週までに仕上げないと、顧客に迷惑をかけてしまう

面倒だけど自分がやるべき仕事だ

仕事は「自分がやるべきもの」
「失敗したら責任は自分」という責任感を持っている

当事者意識がない人の頭の中

まあ、リーダーがなんとかしてくれるだろ

なんで俺だけがこんな面倒な作業しなきゃならないんだ

うまくいこうがいくまいが、自分には関係ない

来週までに仕上げないと怒られるから

仕事は「やらされるもの」
やらないと怒られるからやっているだけ

◎なし崩しに巻き込むのは逆効果

ここでメンバーの当事者意識を高めるためにリーダーが行うべきことは？

《やってほしいことを明確に伝えて、任せる》。これに尽きます。

曖昧なまま周囲を仕事に巻き込む人がいますが、これは望ましいやり方ではありません。「ちょっと手伝ってくれる」などと、はじめは軽い形で仕事に関わらせて既成事実をつくり、「このまま頼む」となだれ込むやり方です。

私も職場の先輩に、なし崩しに1年以上もあるプロジェクトに参加させられた経験があります。いつ足抜けしようか考えていましたが、プロジェクトの終わりに次回の会議の日程が決まり、役割も振られます。結局タイミングを逸し、最後までおつき合いする羽目になりました。こんな先輩とは「二度と関わりたくない」と悪い印象だけが残ります。

こういうまずいことにならないように、メンバーにはっきりと役割を伝えて、さらに任せるスタンスを繰り返し伝えましょう。リーダーが任せると発言することは、「頑張って成功したらあなたの成果。失敗したら責任は取るから」と言っているのと同じです。そして何回も「任せる」と繰り返すことで、メンバーの当事者意識も高まることは間違いないでしょう。「任せてくれるのは自分を信頼していることの証」と感じ、お互いの信頼関係につながるはずです。

当事者意識を持たせる巻き込み方

✕ なし崩しに巻き込んでもマイナス効果

くわしい説明をせず、勢いで一緒に仕事をさせる

↓

自分の意思と関係なく仕事をやらされているため、やる気や興味が持てない

↓

仕事が終わっても悪印象しか残らない

○ 自分から仕事に意欲が持てるように誘導

1. プロジェクトの目的やビジョンをはっきりと伝える
2. プロジェクトが業界や社内でどのような意味を持つかを説明
3. プロジェクトの中で、そのメンバーが果たすべき役割を示す
4. 一定範囲の権限と責任を持たせる
5. 仕事の成功が、メンバー個人にとってもプラスになることを伝える

28

包容力1

「配慮が嬉しくなる」気配りのコツ

メンバーの抱える問題にいち早く気がつき、適切なサポートすることで、チームに安心感が生まれる

◎気配りこそがメンバーのモチベーションを上げる

リーダーは、周囲に気配りができる人でなければなりません。気配りとは人に対して細やかな配慮ができることを意味します。例えば、和室で足をもぞもぞしている人がいれば「足を崩していいですよ」と声をかける優しさも気配りです。ビジネスであれば、

○会食でお客様の嗜好を事前に調べて店を選ぶ
○お客様の望む情報を察知して入手する
○世間話でお客様の関心事を話題の中心にする

など、相手の好みに合わせて行動することが気配りの基本となります。

こうした外部のお客様との関係だけでなく、リーダーはメンバーへの気配りも忘れないようにしたいものです。職場の大先輩であるリーダーから気配りを受ければ、メンバーは嬉しさでモチベーションが上がることでしょう。

普段からの気配りでメンバーのピンチに気づこう

気配りでメンバーのモチベーションをアップ

リーダーの気配りにメンバーはどう感じる？

自分のことを気にかけてくれるのは嬉しい。こういう職場で働けるのは幸せ

自分も気配りできるようにならないといけないな

自分はリーダーに評価されているんだな

気配りできる人になるには？

気配りは性格ではなく技術。
意識的に「気配りしよう」と考える必要がある

まずはこの4つを意識しよう

「いつもと違う状態」がないか観察する

朝の挨拶や世間話など、こまめに声をかける

話しかけやすい雰囲気をつくる

気になることがあったら、第三者の意見を聞く

◎メンバーのピンチに素早く気づく

では具体的にどんな気配りの仕方があるでしょうか？　基本は「無理するな」と仕事にブレーキをかけることが一番の気配りになります。仮に普段はハードな仕事をしている職場でも、

「体調が悪そうだから帰りなさい。代わりにやっておくから」

「明日から家族と旅行じゃないか。いいから帰りなさい」

と、いざというタイミングを見逃さずに「無理をさせない」、あるいは「代わりにサポート」するスタンスを示すことが最高の気配りではないでしょうか？

また、**メンバーにとって嬉しい気配りとは、無理せざるを得ないピンチに「ドンピシャ」のタイミングで手を差し伸べてくれるような気配りです。**例えば、

○体調が優れないとき

○オーバーワークのとき

○意固地になっているとき

を見逃さずに、「無理するなよ」と声をかけてもらえれば、メンバーの士気は大幅アップ間違いないでしょう。特に、自己主張が不得手で自分の殻にこもるメンバーに対してこそ、気配りは意識しておきたいものです。

4つのステップでメンバーの抱える問題をサポート

Step1 仮説の構築

日頃からメンバーを観察し、問題と思われることを見つけ出す

「仕事抱えすぎで、このままじゃ納期に間に合わないんじゃないか？」

▼

Step2 仮説の検証

見つけ出した問題点が事実かどうかを確認する

「仕事抱えすぎてないか？
ちゃんと納期に間に合うか？
厳しいなら遠慮なく言ってくれ」

▼

Step3 解決策の検討

問題を解決するために何をすればいいのか考える

「どのくらいだったら
彼のキャパシティの範囲内か？
オーバーした分は誰にどう振り分けるか」

▼

Step4 解決策の実行

行動を起こして問題を解決する

「じゃあこの仕事は僕が手伝うよ。
その代わり、こっちは責任を持って
納期までに仕上げてくれ」

29

包容力2

「メンバーを守る」環境づくりのコツ

普段からうるさい上司との関係を良好に保っておくことで、チームメンバーの実力を100%発揮させよう

◎上に厳しく下に優しい振る舞いが、メンバーの信頼を集める

上司に言いたいことを「ハッキリ言える」ことは、メンバーの信頼を高めます。

「うちのリーダーは上司の顔色をうかがわずにビシッと言えるから頼りになる」

こうした信頼はメンバーが困ったときに守ってくれると思えることから生まれるのです。確かに私が営業現場のリーダーであったときも「上に厳しく、下に優しい」振る舞いで信頼を勝ち得たような気がします。**メンバーは自分を守ってくれる人を信頼するのです。**


ここでメンバーが守られていると思えるリーダーの行動のコツを紹介しましょう。

○メンバーを守る気持ちを宣言する

○上司と対等の関係であることを示す

「会社に対して不満があれば我慢するな。俺が代わりに言ってやる」

「部長のことなんか気にしなくてもいい、責任は自分が取るから」

上司の圧力からメンバーを守るのはリーダーの役割

	よい例 ○	悪い例 ×
上司に対しての言葉		
メンバーから社内制度への不満が出たとき	このままだとメンバーに負担がいきます。なんとかなりませんか？	僕は問題ないと思うんですけど、こんな不満が出てるんですよ……
無茶なノルマが言い渡されたとき	現状では無理。「頑張ればできる」という発想は間違っています	文句は出てますけど、無理させればなんとかなると思いますよ
メンバーに対しての言葉		
会社に不信感を持つメンバーに	会社に不満があれば我慢するな。俺が代わりに言ってやる	むちゃ言うなよ。部長ににらまれるとみんなひどいことになるぞ
新たな挑戦を考えるメンバーに	勝算があるならやってみろ。失敗したら責任は俺全部が取るさ	失敗したらお前の責任だからな。俺は止めたからな

など、本気の姿を伝えることが大切です。人は伝えないことはわからないものです。いくら心に秘めていても言わなければ伝わらないものです。

◎上司に対しても毅然とした態度で

一方、上司と話すときは、媚びるような態度は慎むようにしましょう。メンバーはあなたの行動を思いのほかしっかりと見ています。仮にフロアで部長を見つけたとたん、メンバーとの打ち合わせを投げ出して、

「部長、先日はご馳走様でした。次回は私が店を取ります」

などと部長にすり寄る態度を示したら、リーダーの威厳は台無しです。

「うちのリーダーは会社の言いなり」

「経営の方針をただ伝言するだけの人」

だと誤解されます。上席の役職者なんて気にせずに、軽く挨拶するくらいでいいのです。

私はいい意味で上司とメンバーに対して態度を変えることをおすすめします。例えば、メンバーと接するときにはメンバーを立て、上司と2人になれば上司を立てる……信頼関係を高めるために常に相手を立てるのです。ただし、軸がブレてはいけません。大切なのは「メンバーを守る姿勢を最優先にすること」というのを忘れないようにしましょう。

リーダーにとって上司との関係とは

上司・メンバーとの人間関係のつくり方の基本

×
上司に媚び、メンバーには偉そうに接する

×
メンバーの機嫌をとって、上司には反抗する

○
上司に対してもメンバーに対しても同じように敬意を表して信頼関係を保つ

誰に対しても媚びることなく、かつ丁寧な態度で接するのが基本

上司との関係構築はチーム維持に重要

次のようなポイントをチェックしてみよう

◎上司が求めていることをきちんと理解しているか
◎上司の意図を正しくメンバーに伝えているか
◎報告・連絡・相談はこまめに行っているか
◎おべっかや反抗ではなく、建設的な意見を言っているか
◎メンバーに対して上司の悪口を言っていないか

30

包容力3

「愛情を持って」面倒を見るコツ

ビジネスでもプライベートでも、あらゆる人間関係は相手を理解することから始まる

◎メンバー全員に愛情を持たないと、チームはギクシャクする

不思議なもので、人は相手の態度や言動から「好いているか」「嫌っているか」がなんとなくでもわかるものです。恋愛中の男女関係も仕事のリーダーとメンバーの関係も同じです。ただし、仕事の場合はお互いが苦手、嫌いだと思っていても逃げることができません。

「あのリーダーは嫌いだから割り切って関わろう」と、接することでしょう。メンバーの立場ならそれも仕方ないで済みますが、リーダーの立場として、メンバーに対して苦手とか嫌いとか感じていいのでしょうか？

リーダーがメンバーに嫌な感情を持てば「当然」相手も気づきます。そうなれば、お互いの信頼関係は築けないでしょう。ですから、**リーダーは仕事で関わるすべてのメンバーに対して、愛情を持って面倒を見る努力をしなければなりません。**

そもそも、すべてのメンバーに愛情を持てるものでしょうか？　私はできると思います。

すべてのメンバーに愛情を

メンバーへの愛情の有無はチームに影響する

○	×
愛情あり	愛情なし
コミュニケーション良好 信頼感向上	コミュニケーション不全 信頼感不足
人間関係良好	人間関係不全
問題なし（解決）	問題発生（悪化）

メンバーに苦手意識を持つ要因

劣等感・自信のなさ	プライド・特別意識
「メンバーに心の底ではバカにされ、傷つけられるのではないか」という恐れから、苦手意識を持ってしまう	「自分は相手とは違う」という意識。実は劣等感の裏返しで、負けることを強く恐れている心理

◎メンバーを理解することが愛情へとつながる

ただし、メンバー全員に愛情を持つにはコツをつかまないといけません。あなたが関わるすべての人に対して苦手意識を持たずに面倒を見るために、次のようなアクションをとってみてください。

《ステップ1：メンバーの価値観を理解する》

メンバーによって働く動機は違います。「稼ぐ」「出世」「成長」など、個別の価値観を知っておけば、お互いの理解度が高まります。

《ステップ2：メンバーの行動を観察する》

仮に苦手なメンバーがいたとすれば、一度そのメンバーの行動を観察してみましょう。誤解していた部分、知らなかった部分が見え、多少は苦手な面が緩和されるはずです。

《ステップ3：じっくりと話を聞く機会をつくる》

自分の話はせずに「ただ」メンバーの話を聞く機会をつくりましょう。できれば1人につき1時間くらいかけて、日頃思っていることを聞き出してください。

こうしたアクションをとるとメンバーへの関心が高まります。その上で「君も大切なメンバーの1人だ」と愛情を示して面倒を見ると、相手に気持ちが伝わるはずです。大切なのは、メンバーを理解するための手間を惜しまないことではないでしょうか？

メンバー1人1人に関心を持とう

メンバーの価値観を理解する

たとえ自分の価値観と違っても否定せずに
受け入れることが大切

○
そういった価値観もありだな。もっと聞かせてよ
×
その考え方は間違っているぞ(自分の方が正しい)

メンバーの行動を観察する

第一印象だけで判断せず、本当はどういう
人間なのかをニュートラルな目で見極める

Before
なんか性格悪そうなイヤな感じのするやつだなあ

観察後

After
考え方は違うけど、一生懸命だし悪いヤツじゃないな

じっくりと話を聞く機会をつくる

メンバーを理解するために、たとえ興味のない話
でもじっくりと聞く時間を設ける

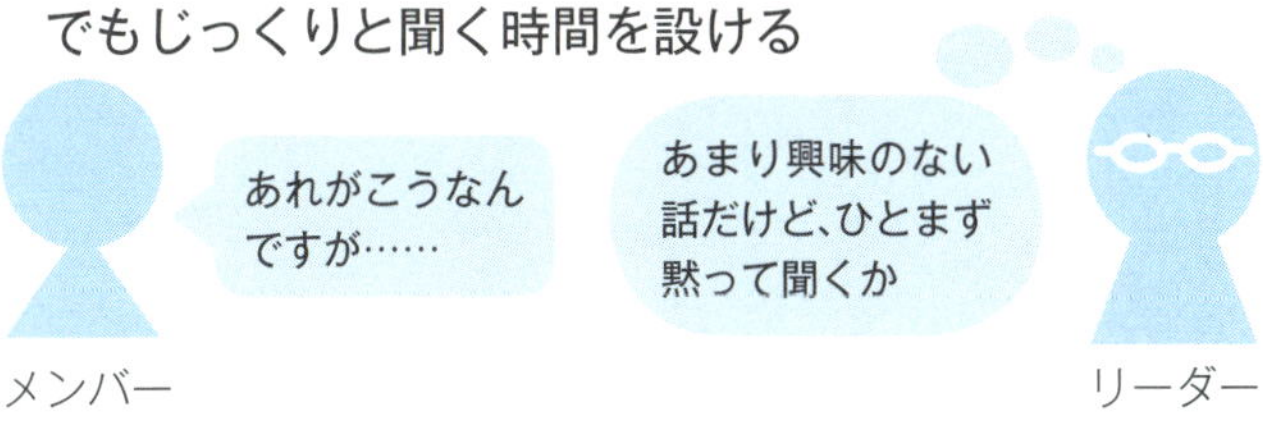
あれがこうなんですが……
あまり興味のない話だけど、ひとまず黙って聞くか
メンバー
リーダー

31

みんな一度はリーダーを経験してみよう

「リーダー」は決して特殊なポジションではない。
ビジネスパーソンなら、誰でも当たり前に経験すべき職務なのだ

◎リーダーの経験から自分の「本当の適性」が見えてくる

ビジネスパーソンは、リーダーを経験することで様々なメリットが得られます。その大きなものに、リーダーを経験することで自分の向き不向きがわかるというのがあります。

明るく社交的で、周りの人間をグイグイと引っ張っていく人が、必ずしもマネージャーや経営者など、人の上に立つポジションに向いているとは限りません。無口だけれど実行力がある、そんな地道なタイプが、意外にリーダー向きというケースも少なくないのです。

自分が何に向いているかなど、実際にやってみないとわからないものです。

例えば「自分は管理する立場にいるより、ずっと専門家（プロフェッショナル）として現場にいたい」と考えるような人であっても、リーダーを経験することにより、自分の仕事観が変わってくることに気づくでしょう。

大リーガーのイチロー選手がいい例です。イチローは昔からグイグイ人を引っ張ってい

将来のためにリーダー経験から学べること

組織の動かし方

◎どうやったら人はついてくるのか
◎組織のモチベーションを上げる方法
◎部下を上手にサポートする方法
◎複数の人間を効率的に動かす方法　など

社内における個々の仕事の位置づけ

◎社内全体を俯瞰的に見られる視点
◎社内で仕事やお金、人、命令がどのように流れているか
◎それぞれの仕事の重要度・影響度　など

上司が部下に何を求めているか

◎上司にとって高く評価できる部下、マイナス点が多い部下とは
◎報・連・相(報告・連絡・相談)の重要性
◎どうすれば上司を助けることができるか　など

くリーダーというよりは、陰で陰道にコツコツと努力する「職人タイプ」の選手でした。ところが最近の彼は、練習を公開するようになりました。イチローは、キャリアを積むにつれて自分のリーダーとしての役割を自覚し、あえて自分の努力する姿を後輩たちに見せ始めたのかもしれません。もしそうならば、立派なリーダーとしてのあり方です。

◎リーダーの経験はあらゆるビジネスパーソンにとって有用

「マネージャー志望」の人にとっても、「職人的ポジション」の人にとっても、リーダーの経験は、実に多くのことを学ばせてくれます。

メンバーよりも一段高い視点に自分を置くことにより、目の前の仕事ばかりでなく、部署や会社、業界全体のあり方や流れが見えてきます。企画書ひとつ書くにしても、今までとは違う角度からのものになるはずです。部署にとってその商品はどういう位置づけにあるのか、会社としてどんな方向性を狙うべきかなど、目の前の仕事だけやっていたのでは気づかなかった発想に行き着くことでしょう。

あなたがもし、リーダーのポジションにつく機会があるならば、決して気負うことなく、有意義な経験をしてもらいたいと思います。その際に、本書が少しでもあなたの手助けになるとすれば、私としても嬉しい限りです。

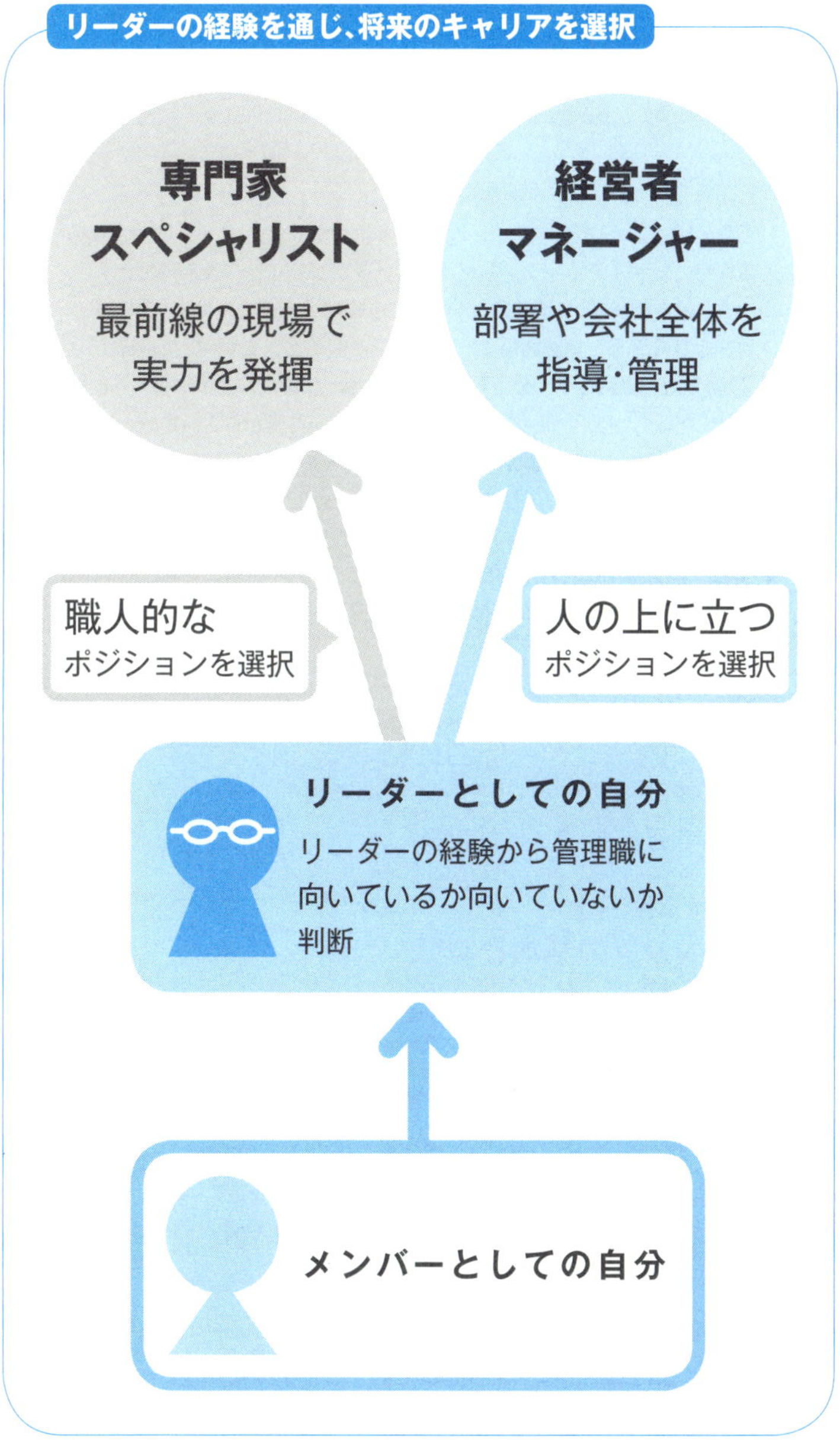
リーダーの経験を通じ、将来のキャリアを選択
専門家
スペシャリスト
最前線の現場で実力を発揮
経営者
マネージャー
部署や会社全体を指導・管理
職人的な
ポジションを選択
人の上に立つ
ポジションを選択
リーダーとしての自分
リーダーの経験から管理職に向いているか向いていないか判断
メンバーとしての自分

〈著者略歴〉

高城幸司◎たかぎ　こうじ

株式会社セレブレイン　代表取締役

1964年10月21日東京生まれ。同志社大学文学部卒。ベンチャー企業の人事戦略コンサルティング企業・株式会社セレブレイン代表取締役。

㈱リクルート社員時代、情報通信・ネット・広告関連商品の営業で６年間トップセール賞を受賞。実践的なマーケティング戦略と人材戦略との融合により、最強の営業集団をつくり上げる鉄則を説き、営業力の強化や売れる組織づくりに関して、大手金融・メーカー・マスコミ等各業界から高い支持を得る。

1996年より独立・起業の情報誌『アントレ』を立ち上げ、事業部長、編集長を経験。現在は人事コンサルティング会社をはじめ3社を経営する。

また、ビジネス書の著書も『できる人の超★仕事術』ほか、多数ある。

➡ 君も、経営者になれる！高城幸司のブログ

http://blog.goo.ne.jp/k-takagi001021/

＊主な参考文献

『最新 リーダーの仕事と役割がよ～くわかる本』平尾隆行　秀和システム

『初めて部下を持つ人のためのリーダーシップ10のルール』マリーン・カロセリ　ディスカヴァー・トゥエンティワン

『チームリーダーの教科書』藤巻幸夫　インデックス・コミュニケーションズ

『チームリーダーの仕事のルール』PHPエディターズ・グループ　PHP研究所

「ビジネスの基本とコツ」シリーズ

リーダーシップの基本とコツ

2009年3月31日　第1刷発行

著　者　高城幸司

発行人　大沢広彰

編集人　土屋俊介

編集長　倉上　実

発行所　株式会社　学習研究社

〒141-8510

東京都品川区西五反田2-11-8

印　刷　中央精版印刷株式会社

編集協力　山本啓介

デザイン　ブラフマン

（石川ゆかり・渡邉修平）

〈各種お問い合わせ先〉

・編集内容については

TEL 03-6431-1473（編集部直通）

・在庫・不良品（落丁・乱丁）については

TEL 03-6431-1201（出版販売部）

・学研商品に関するお問い合わせ先

TEL 03-6431-1002（学研お客様センター）

・文書の場合

〒141-8510　東京都品川区西五反田2-11-8

学研お客様センター

『リーダーシップの基本とコツ』係

メンバーへのアドバイスは、これでOK！

アドバイスのコツ

- 早合点せず、最初に状況や課題、問題点を確認する
- もったいぶらない
- できるだけ具体的な考え方や行動を示す
- 机上の空論ではなく、実際の経験を生かして自分なりのやり方を教える
- 1パターンだけでなく、いろいろな角度から説明を試みる

アドバイスの流れ

「こちらが何を説明したか」ではなく
「相手が何を理解したのか」が大切

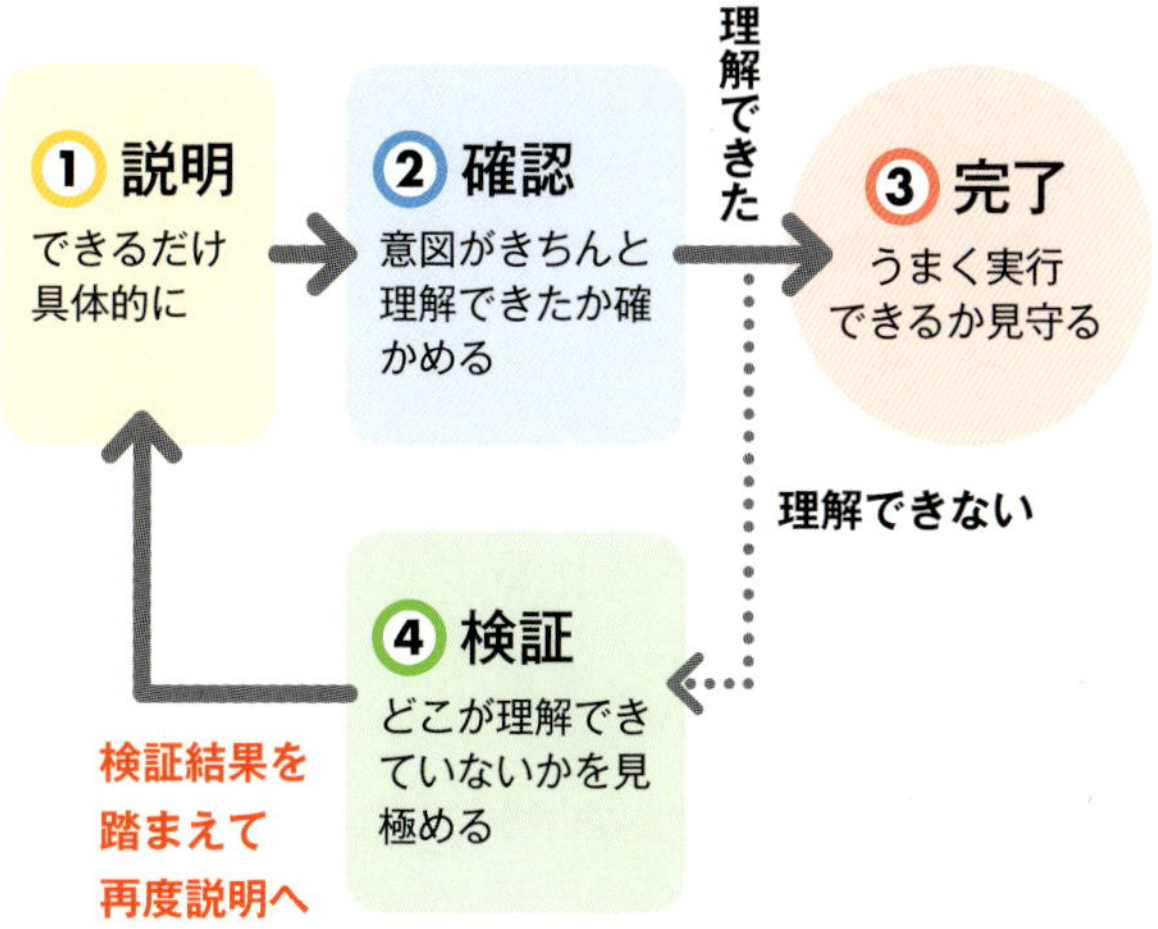
①説明
できるだけ具体的に
②確認
意図がきちんと理解できたか確かめる
理解できた
③完了
うまく実行できるか見守る
理解できない
④検証
どこが理解できていないかを見極める
検証結果を踏まえて再度説明へ

CUT!

すぐ使える！チームリーダーの便利ツール

2

自分の仕事を「見える化」してメンバーに示す

仕事で成果を出す

↓

自分の仕事を「見える化」する

- アプローチ方法
- クライアントのニーズ
- 提案書の中身
- 商談中に発生した問題点
- 解決方法
- 次回への課題

など

↓

自分の成功パターンを分析し共有する

↓

他のメンバーもマネをすれば
成果が出せるように

↓

チーム全体の成果が上がる

CUT!

チームで仕事を楽しむための5か条

Point 1

「楽しい」と口にする

意識してあえて「楽しい」と口にすることで、気分を上向きにする

Point 2

周囲の環境を褒める

問題点だけではなく、どんなときでもよい点を見つけ出す目を養う

Point 3

楽しくない日は早めに切り上げる

調子の悪い日は、思い切って仕事を早く切り上げる

Point 4

ネガティブな発言をやめる

ネガティブな発言は、気持ちやものの見方まで後ろ向きにする

Point 5

他人を批判しない

むやみに他人を批判すると、トラブルのもとにしかならない

すぐ使える! チームリーダーの便利ツール 3

CUT!

すぐ使える！チームリーダーの便利ツール 4

チームを一枚岩にする3つのポイント

目指すべきビジョンをチーム全員で共有する

- 明確なビジョンを設定し、仕事の場から日常会話まで、事あるごとに口にする
- チームに問題が起こったら隠さずに共有し、みんなで解決に当たる

「このリーダーについていけば得をする」と思わせる

- 適宜メンバーの仕事の範囲を拡大する
- 公平で平等な評価を行う
- 自分のスキルや人脈を惜しげもなく与える
- メンバーの失敗は全力でサポートする

感謝や感動をチームで共有する

- 正直かつ具体的に褒める
- ミーティングや職場など、人のいるところで感謝を伝える
- メンバーの成功を自分のことのように喜ぶ

CUT!